코칭의 기술

팀장과 팀원의 능력을 열배 키워주는

코칭의 기술

백광석 지음

다온길

머리말

세계적으로 인정받는 기업인 구글의 전 CEO, 에릭 슈미트는 자신의 성공 이야기를 풀어나가며 "코치 없는 사람은 무엇을 놓치고 있는지 모른다."라고 강조했다. 그는 자신의 코치인 빌 캠벨의 도움 없이는 오늘날의 성공을 이루지 못했을 것이라고 말했다.

스포츠 분야에서도 코칭의 중요성은 이미 널리 인지되어 있다. 세계적인 테니스 선수 세레나 윌리엄스는 그녀의 코치인 패트릭 무라토글루와의 협력을 통해 자신의 잠재력을 최대한 발휘하며 수많은 대회에서 우승했다.

이런 사례들은 코칭이 개인의 성장과 발전을 돕는 강력한 도구임을 보여준다. 이 책은 바로 그 코칭의 과정을 알기 쉽게 풀어내고, 누구나 일상과 직장 생활 속에서 코칭을 활용해 성장할 수 있는 방법을 제시한다. 코칭을 이해하면, 팀장과 팀원이 서로의 장점을 발견하고, 협력을 통해 더 큰 성과를 이뤄내는 것이 가능해진다.

코칭의 기본 개념부터 실질적인 적용 방법, 그리고 코칭을 통해 변화를 이끌어내는 방법에 대해 체계적으로 다룬다. 직장생활 실전 코칭 노하우를 통해 다양한 문제 상황들을 살펴보며, 그 해결

방안을 제시한다.

 코칭은 여러분의 자기 인식을 향상시키고, 문제 해결 능력을 개선하며, 의사소통 기술을 가다듬고, 리더십 능력을 발전시키며, 개인의 성과와 만족도를 향상시킨다. 코칭의 힘을 이해하고 이를 활용하면, 여러분은 자신의 역량을 극대화하고, 일상 업무에서 발생하는 다양한 문제와 도전에 대응하는 능력을 향상시킬 수 있다.

 이 책을 읽고 나면 여러분은 코칭의 힘을 이해하고, 그것을 활용하여 자신과 타인, 그리고 조직의 성장과 발전을 이끌어내는 방법을 배우게 될 것이다.

백광석

들어가기 전에

리더로서 나는 누구인가?

"리더로서 나는 누구인가?"

이 질문은 리더십에 대한 깊이 있는 이해를 위한 초석이다. 이것은 리더로서의 역할, 책임, 그리고 자신의 개인적인 가치관을 깨닫는 과정이다.

리더는 팀이나 조직을 이끄는 사람이지만, 리더의 역할은 그것만이 전부는 아니다. 리더는 동시에 비전을 제시하고, 그 비전을 달성하기 위한 전략을 세우는 역할도 한다. 그리고 그 비전과 전략을 실현하기 위해서는 팀원들을 이끌고, 나아가 팀원들의 성장을 돕는 역할도 해야 한다.

리더는 팀원들의 장점을 극대화하고, 단점을 보완하는 방법을 찾아야 한다. 이것은 팀원들이 자신의 역량을 최대한 발휘할 수 있도록 돕는 것이며, 이를 통해 팀 전체의 성과를 높이는 역할을 한다. 리더는 팀원들에게 신뢰를 주는 것이 중요하다. 팀원들이 리더를 신뢰하고 존중하면, 그들은 자신의 역량을 발휘하고, 팀의 목표 달성에 기여할 수 있다.

그러나 이 모든 것은 리더가 자신을 잘 이해하고, 자신의 리더십 스타일을 발견하고, 그것을 팀에 맞게 조정하는 능력에 기초한다. 리더는 자신의 강점과 약점, 가치관, 신념 등을 깊이 이해하고, 이를 바탕으로 자신만의 리더십 스타일을 만들어야 한다.

"리더로서 나는 누구인가?"라는 질문에 대한 답은 각자 다르다. 그러나 이 질문에 대한 답을 찾는 과정은 모든 리더에게 필수적이다. 이 과정을 통해 리더는 자신이 어떤 리더로서 팀을 이끌어 나갈 것인지, 어떤 가치와 신념을 가지고 팀원들을 이끌어 나갈 것인지를 발견하게 된다. 이것이 바로 리더로서의 자신을 알아가는 과정이다.

차례

PART 1 코칭의 이해와 실전

PART 2 조직이 변해야 살아남을 수 있다

PART 3 코칭을 위한 다섯 가지 핵심 스킬

PART 1

코칭의 이해와 실전

01
코칭이란 무엇인가?

코칭이란, 한 사람이나 팀이 그들의 목표를 달성하는 데 도움을 주는 과정을 말한다. 이 과정에서 코치는 답을 제공하는 것이 아니라, 클라이언트가 스스로 답을 찾아내는 데 도움을 줄 수 있는 질문을 한다. 이렇게 함으로써, 클라이언트는 자신의 생각과 행동에 대해 더 깊이 이해할 수 있게 되고, 이는 더 효과적인 선택을 할 수 있게 도와준다.

코칭의 주요 목표는 다음과 같다.
- 개인의 성장과 발전을 돕는다.
- 팀의 성과를 향상시킨다.

- 문제 해결 능력을 향상시킨다.
- 의사결정 능력을 향상시킨다.
- 신뢰와 존중을 바탕으로 효과적인 관계를 구축한다.

코칭의 핵심 원칙 중 하나는 "코치는 해답을 주는 것이 아니라, 코치를 받는 사람이 자신의 해답을 찾게 돕는다"이다. 이는 코치가 어떤 문제에 대한 해답을 주기보다는, 코치를 받는 사람이 자신의 생각과 감정, 가치를 통해 스스로 해답을 찾아가는 과정을 돕는다는 의미이다.

코칭은 다양한 분야에서 활용될 수 있는데 그 중 몇 가지를 들어보자면 다음과 같다.

1. **비즈니스와 경영** : 개인이나 팀의 성과 향상에 중요한 역할을 한다. 리더십 코칭은 리더의 의사결정, 문제 해결, 팀 관리 능력을 높이는 데 초점을 맞춘다. 팀 코칭은 팀원 간의 의사소통, 협업, 충돌 관리를 개선하여 팀 성과를 높이는 데 도움을 준다. 경영 코칭은 조직 전체의 목표 설정, 전략 개발, 시스템 개선을 지원하여 조직의 성장을 돕는다.

2. **인생 및 경력** : 개인의 삶의 질 향상과 경력 발전에 중점을 둔다. 라이프 코치는 개인의 가치, 목표, 욕구를 명확히 이해하게 돕고, 이를 바탕으로 삶의 방향을 설정하는 데 도움을 준다. 경력 코치는 직업 선택, 경력 전환, 직장에서의 성장 등을 지원하여 개인의 직업 만족도와 성공을 증진시킨다.

3. **건강과 웰니스** : 개인의 건강 목표 달성을 지원한다. 건강한 식단, 규칙적인 운동, 스트레스 관리 등을 통해 개인의 신체적, 정신적 건강을 향상시키는 데 도움을 준다. 이는 개인이 자신의 건강과 웰니스에 대한 책임감을 갖고, 건강한 생활 습관을 형성하도록 돕는다.

4. **교육** : 학생들의 학업 성과를 향상시키고, 교사들이 더 효과적인 교수법을 개발하는 데 있어 중요하다. 학생들은 학습 목표 설정, 학습 전략 개발, 시험 준비 등에 대한 지원을 받을 수 있다. 교사들은 학생들의 개별적인 필요에 맞는 교수법을 개발하고, 학생들의 창의성과 독립성을 촉진하는 방법 등을 배울 수 있다.

5. **스포츠** : 선수들이 최고의 성능을 발휘할 수 있도록 돕는다. 기술 향상, 정신력 강화, 팀워크 개선 등 다양한 방법을 통해 선수들의 경쟁력을 높이는 데 초점을 맞춘다. 이는 선수들이 그들의 잠재력을 최대한 발휘하고, 스포츠에서의 성공을 이룰 수 있도록 돕는다.

이처럼, 코칭은 다양한 분야에서 중요한 역할을 한다. 어떤 분야에서든, 코칭은 개인이나 팀이 그들의 목표를 달성하고, 그들의 최선의 가능성을 실현하는 데 도움을 준다.

코칭의 사례를 통해 이를 더 잘 이해할 수 있다. 한 팀에서 의사소통 문제가 발생했다고 가정해보자. 팀원들이 서로에게 비판적이고, 의견을 제시하는 것이 어렵다는 상황이다. 이런 경우, 코치는 팀에게 "어떤 상황에서 의사소통이 가장 어려운가?", "어떤 방식으로 의사소통을 개선할 수 있을까?", "어떤 행동을 바꾸면 팀의 의사소통이 개선될까?" 등의 질문을 던질 수 있다. 이런 질문들은 팀원들이 문제를 인식하고, 그들 스스로 해결책을 찾아내는 데 도움을 준다.

또한, 코칭은 개인이나 팀이 목표를 달성하는 데 도움을 주는 과정이므로, 모든 사람에게 유익할 수 있다. 코칭을 받는 사람은 자신의 생각과 행동에 대해 더 깊이 이해하게 되며, 이는 더 효과적인 선택을 할 수 있게 돕는다. 더 나아가, 코칭은 성과 향상, 문제 해결, 삶의 질 향상 등 다양한 이점을 가져다 준다.

코칭은 개인이나 팀이 그들의 목표를 달성하는 데 도움을 주는 강력한 도구로 볼 수 있다. 코치는 클라이언트가 자신의 목표를 명확히 인식하고, 그들이 향하고자 하는 방향을 향해 나아가는 데 필요한 전략과 행동을 계획하는 데 도움을 준다. 이런 방식으로, 코칭은 개인이나 팀이 그들의 최선의 가능성을 실현하는 데 도움을 준다.

코칭은 개인의 잠재력을 최대한 발휘하는 데 중요한 역할을 한다. 코칭을 통해 사람들은 자신의 강점과 약점을 깊이 이해하고, 이를 바탕으로 목표를 설정하며, 이러한 목표를 달성하기 위해 필요한 행동 변화를 만들어 낼 수 있다. 코칭은 단순히 문제를 해결하는 것이 아니라, 개인이나 팀이 스스로 문제를 해결할 수 있는 능력을 키우는데 초점을 맞춘다. 이런 면에서 코칭은 개인과 조직 모두에게 근본적인 변화를 가져다주는 힘을 가지고 있다.

02
코칭이 왜 중요한가?

코칭이 중요한 이유를 깊이 있게 이해하려면, 개인에게는 물론 조직에 끼치는 영향을 자세히 살펴볼 필요가 있다. 단순히 업무 기술을 가르치는 것을 넘어서, 개인의 내면적 성장을 도모하고 전체 팀의 역량을 강화한다.

한 중소기업에서 코칭 프로그램을 도입한 사례를 살펴보자. 이기업은 시장에서의 경쟁력을 강화하기 위해, 직원들의 창의력과 문제 해결 능력을 향상시키고자 했다. 프로그램을 통해 각 직원은 자신의 강점과 약점을 명확히 인식하고, 이를 바탕으로 개인별 맞춤형 발전 계획을 수립했다. 코칭을 받은 직원들은 자기주도적으로 업무에 임하게 되었고, 이는 업무의 효율성과 창의성을 크게 향상시켰다.

뿐만 아니라, 조직 내 커뮤니케이션 스킬을 향상시키는 데도 중요한 역할을 한다. 각 팀원들이 서로의 의견을 존중하고 경청하는 문화가 조성되었을 때, 이는 팀워크와 협업에 긍정적인 영향을 미친다. 한 IT 회사에서는 팀원들이 서로 다른 전문 분야에 대한 이해를 높이고, 프로젝트의 목표를 공유함으로써 전체 프로젝트의 성공률이 상승했다고 한다.

그리고 코칭은 변화 관리에 있어서도 핵심적인 요소다. 새로운 기술의 도입이나 조직 구조의 변화 등, 불가피한 변화의 상황에서 직원들이 변화를 수용하고 적응하는 과정을 지원한다. 한 소매업체는 디지털 전환을 추진하면서 직원들에게 코칭을 제공했다. 직원들은 새로운 시스템을 두려워하기보다는 적극적으로 학습하고 이를 업무에 적용하는 데 성공했다.

개인의 커리어 발전에 있어서도 중요한 역할을 한다. 개인별 코칭을 통해 직원들은 자신의 경력 목표를 세우고, 이를 달성하기 위한 실질적인 전략을 개발한다. 대기업의 한 사례에서는 임원급 리더들에게 제공된 코칭 프로그램을 통해, 이들이 자신의 리더십 스타일을 개선하고 조직 내에서 더 큰 영향력을 발휘하게 되었다고 한다.

이처럼 개인의 성장뿐만 아니라 조직의 성과 향상, 변화 관리, 커리어 개발 등 다양한 측면에서 그 중요성을 드러낸다. 코칭이 제공하는 지속적인 피드백과 격려는 개인이 자신의 잠재력을 깨닫게 하고, 이는 결국 조직의 전반적인 성장으로 이어진다. 단순한 관리 기법을 넘어서, 조직의 지속 가능한 발전을 위한 핵심 전략으로 자리 잡고 있다.

실제 사례를 통해 프로세스의 중요성을 살펴보자. 글로벌 IT 기업인 구글의 경우, 내부 코칭 프로그램인 'Project Oxygen'을 통해 리더십 개발에 큰 성공을 거두었다. 이 프로젝트는 효과적인 리더의 특성을 식별하고, 이를 기반으로 매니저들이 직원들의 성장을 지원하도록 만들었다.

구글은 데이터 분석을 통해 최고의 매니저가 가진 8가지 특성을 도출했다. 구글의 'Project Oxygen' 연구에서 도출된 효과적인 팀장이 갖춰야 할 8가지 특성은 다음과 같다.

1. **좋은 코치** : 팀원 개개인의 개발에 투자하고, 각자의 성공과 팀의 성공을 위해 적극적인 지원을 제공해야 한다.
2. **비전과 전략 제시** : 조직의 명확한 비전과 전략을 설정하고, 팀원들이 일상 업무를 통해 이를 실현할 방법을 이해할 수

있도록 돕는다.

3. **생산적이고 결과 지향적인 대화** : 업무 성과에 대한 기대를 명확히 설정하고, 결과에 집중하여 팀원들이 목표 달성 경로를 이해하도록 한다.

4. **자율성을 부여하는 리더십** : 팀원에게 자율성을 주고, 불필요한 간섭을 피하며, 스스로 문제를 해결하고 창의적인 해결책을 찾을 수 있도록 격려한다.

5. **개인적인 성공을 위한 지원** : 팀원의 개인적 성공과 복지를 지원하며, 개인이나 전문적으로 직면한 어려움을 이해하고 지원하는 것이 중요하다.

6. **커뮤니케이션 능력** : 명확하고 투명하게 정보를 전달하고, 팀원들의 의견을 경청하며 이를 반영하는 능력을 가져야 한다.

7. **의사결정** : 데이터에 기반하여 의사결정을 내리며, 복잡한 상황에서도 명확한 결정을 내릴 수 있어야 한다.

8. **기술적 업무에 대한 이해** : 관리하는 업무에 대한 충분한 기술적 이해를 가지고 있어야 하며, 이를 바탕으로 적절한 지도를 제공할 수 있어야 한다.

이 8가지 특성은 구글 내에서 팀장이 팀원들을 성공적으로 이끌고, 조직의 전반적인 성과를 향상시키는 데 중요한 역할을 한다고 여겨진다. 이러한 특성들은 효과적인 리더십을 위한 지침으로, 많은 다른 조직들도 참고하고 있다.

또 다른 사례로는 코칭을 통한 변화 관리가 있다. 일본의 한 자동차 회사는 경쟁이 심화되고 시장의 변화가 빠른 상황에서 생산성 향상을 목표로 코칭 프로그램을 도입했다. 이 회사는 생산 라인의 작업자부터 중간 관리자, 고위 경영진에 이르기까지 전 계층에 걸쳐 코칭을 실시했다. 이 프로그램을 통해 직원들은 자신의 업무 프로세스를 재검토하고, 지속적인 개선을 위한 아이디어를 제시했다. 이러한 적극적인 참여는 전사적인 생산성 증가로 이어졌고, 더 나아가 회사의 혁신 문화를 조성하는 데 기여했다.

개인의 커리어 발전을 위한 코칭의 효과를 보여주는 사례도 있다. 한 금융 기관에서는 직원들의 커리어 경로를 개발하기 위한 멘토링 및 코칭 프로그램을 실시했다. 이 프로그램은 직원들이 자신의 장기적인 커리어 목표를 설정하고, 이를 달성하기 위한 구체적인 계획을 마련할 수 있도록 했다. 참여한 직원들은 자신의 경력을 적극적으로 관리하며, 여러 분야에서 리더십을 발휘할 기회를 얻었다. 이는 직원들의 직무 만족도와 조직에 대한 충성도를 높이는 결과를 가져왔다.

이 사례들은 개인의 성장과 조직의 성과 향상에 있어서 프로세스가 갖는 중요성을 잘 보여준다. 각 조직은 자신들의 상황에 맞는 코칭 전략을 수립하여, 변화하는 시장 환경 속에서도 경쟁력을 유지하고 성장할 수 있는 기반을 마련했다.

03
우리 일상에서의 코칭

우리의 일상에서 코칭은 누군가의 잠재력을 이끌어내고, 그 사람의 목표를 달성하는 데 도움을 주는 과정이다. 이는 직장뿐만 아니라 개인적인 삶에서도 매우 중요한 역할을 한다. 코칭은 공식적인 상황에서뿐만 아니라 친구나 가족 간의 대화에서도 자연스럽게 일어난다.

친구 A가 직장에서 승진을 위해 노력하고 있지만, 어떻게 해야 할지 몰라 막막해한다고 가정해 보자. 이때 친구 B가 코칭의 역할을 할 수 있다. B는 먼저 A의 상황을 경청한다. 그리고 A가 직면하고 있는 문제점을 함께 파악하고 해결책을 모색한다. B는 A에게 구체적인 목표 설정을 도와주고, 그 목표를 달성하기 위한 작은 단계들을 계획하도록 지원한다. A가 스스로의 강점과 약점을 인식하고, 이를 바탕으로 자신감을 갖고 도전할 수 있도록 격려한다.

또 다른 예로, 부모가 자녀의 학습을 코칭하는 상황을 들 수 있다. 자녀가 수학 문제를 해결하는 데 어려움을 겪고 있다면, 부모는 답을 바로 알려주기보다는 아이가 스스로 문제를 풀어낼 수 있도록 질문을 던지고 생각을 유도한다. "이 문제를 어떻게 접근해볼까?", "이전에 비슷한 문제를 어떻게 해결했었지?"와 같은 질문은 아이로 하여금 자신의 생각을 정리하고 문제 해결 능력을 발전시킬 수 있게 한다.

일상생활에서의 코칭은 때로는 간단한 것에서부터 시작된다. 운동을 하고 싶어하는 친구에게 꾸준히 운동할 수 있도록 동기를 부여하고, 목표 달성을 위한 계획을 세우도록 돕는 것도 코칭의 일부다. 단순히 "운동해야 해"라고 말하는 대신, "이번 주에 어떤 운동을 해볼 생각이야?", "어떻게 하면 운동을 더 재미있게 할 수 있을까?"와 같은 질문을 통해 친구 스스로가 자신에게 맞는 운동 방법을 찾을 수 있도록 유도하는 것이다.

이처럼 코칭은 일상 속에서 우리가 서로를 돕고 성장할 수 있는 방법이다. 서로의 목표를 이해하고, 잠재력을 발견하며, 구체적인 계획을 세우고 실천해나가는 과정에서 코칭은 큰 힘이 된다. 코칭은 단순한 조언을 넘어서서, 상대방이 스스로의 답을 찾을 수 있도록 하는 과정이며, 이는 결국 개인의 성장과 발전으로 이어진다.

◆ ◆ ◆

일상에서 코칭 사례

'민준'이라는 인물이 새로운 직업을 찾고 있습니다. 그는 자신의 강점과 흥미를 살릴 수 있는 직업을 원하지만, 어떤 경로로 나아가야 할지 확신이 서지 않습니다.

민준의 친구 '지아'는 비공식적인 코치의 역할을 합니다. 그녀는 먼저 민준과 대화를 나누며 그의 열정, 관심사, 그리고 이전 직업에서의 경험을 듣습니다. 지아는 민준이 자신의 역량과 관심을 명확히 인식할 수 있도록 돕습니다. 그녀는 구체적인 질문을 통해 민준이 스스로 답을 찾아갈 수 있도록 유도합니다. "네가 이전 직장에서 가장 즐겼던 프로젝트는 무엇이야?", "그 경험을 새로운 직업에 어떻게 적용할 수 있을까?"와 같은 질문을 던집니다. 지아의 질문을 통해 민준은 자신이 팀 작업에서 뛰어난 협업 능력을 발휘했으며, 문제 해결 과정에서 큰 만족을 느꼈다는 것을 깨닫습니다. 또한, 그는 자신이 기술에 대한 높은 이해를 가지고 있음을 알아차립니다. 지아는 이러한 자각을 바탕으로 민준이 직업 탐색 과정에서 이러한 강점을 어필할 수 있도록 격려합니다.

민준이 몇 가지 직업 옵션을 고려할 때, 지아는 그가 각 옵션의 장단점을 분석하고, 장기적인 경력 목표와 어떻게 부합하는지 평가하도록 돕습니다. 민준은 마침내 자신의 기술과 열정을 살릴 수 있는 스타트업에 지원하기로 결정합니다. 지아는 민준이 이력서와 면접 준비를 철저히 할 수 있도록 계속 지원합니다.

이 사례에서 지아는 공식적인 코치는 아니지만, 코칭의 핵심 원리를 사용하여 민준이 자신의 경로를 찾고, 자신감을 가지며, 적극적인 조치를 취하도록 도왔습니다. 코칭은 이처럼 일상에서 누구나 상대방의 성장과 발전을 돕기 위해 사용할 수 있는 강력한 도구가 될 수 있습니다.

직장에서 코칭 사례 - 마케팅 팀의 코칭

현실적인 상황을 가정해보죠. '선미'는 마케팅 팀의 팀장으로, 팀원인 '진호'가 최근 들어 업무의 효율성이 떨어지고 있는 것을 발견했습니다. 진호는 이전에는 창의적인 아이디어를 많이 제시하고, 업무에 대한 열정이 넘쳤지만, 최근에는 회의에 소극적이고, 기한을 놓치는 일이 잦아졌습니다.

선미는 진호에게 문제가 무엇인지, 어떻게 도울 수 있는지 알아보기 위해 일대일 코칭 세션을 제안했습니다. 세션 동안 선미는 진호에게 업무에서 가장 만족스러운 부분은 무엇인지, 어려움을 겪고 있는 부분은 무엇인지 물었고, 진호는 최근 업무의 단조로움과 창의성 부족을 느꼈다고 털어놓았습니다. 또한, 진호는 개인적인 측면에서도 스트레스를 받고 있었고, 이로 인해 업무에 집중하기 어렵다고 말했습니다.

선미는 진호의 고민을 경청한 후, 함께 업무에 다시 동기를 부여할 수 있는 방법을 모색했습니다. 그녀는 진호에게 새로운 프로젝트를 맡을 것을 제안하고, 이를 통해 새로운 역량을 개발할 기회를 제공했습니다. 또한, 진호가 업무와 개인 생활의 균형을 맞출 수 있도록 근무 시간을 조정해주었습니다.

이러한 지원을 받은 진호는 점차 업무에 대한 열정을 되찾고, 새로운 프로젝트에서 의미 있는 성과를 내기 시작하였습니다. 선미는 정기적으로 진호의 진행 상황을 체크하면서, 필요할 때 추가 지원을 제공했습니다.

이 사례에서 선미는 코칭을 통해 진호의 업무 성과를 개선할 뿐만 아니라, 그의 직업적 만족도와 웰빙을 증진시키는 데 기여했습니다. 직장에서의 코칭은 이처럼 구성원이 직면한 문제를 해결하고, 그들의 잠재력을 최대한 발휘할 수 있도록 돕는 과정에서 매우 중요한 역할을 합니다.

04
누구나 배울 수 있는 코칭 기술들

코칭 기술은 리더, 동료, 심지어 개인 생활에서도 유용하게 쓰일 수 있는 소통의 도구이다. 여기 몇 가지 배울 수 있는 기본적인 코칭 기술과 그것을 적용할 수 있는 실제 사례를 소개해 보겠다.

1. 경청

경청은 코칭의 기초이다. 상대방이 말하는 내용을 정말로 이해하려고 노력하는 것을 말한다. 이것은 단순히 듣는 것을 넘어서 상대방의 말에 진정으로 귀 기울이고, 그들의 말에 반응하며, 질문을 통해 대화를 더 깊이 파고드는 것을 포함한다.

◈ ◈ ◈

김과장은 팀원인 현수가 최근 몇 주 동안 업무 성과가 저하되고 있다는 것을 알아차렸습니다. 그는 현수와의 일대일 미팅을 통해 문제를 해결하고자 합니다. 미팅에서 김과장은 현수가 최근 업무에 어떤 어려움을 겪고 있는지, 어떤 지원이 필요한지 묻습니다. 현수가 말할 때, 김과장은 집중해서 듣고, 현수의 말을 중간중간 요약하며 설명해 주었다. 이런 방식으로 김과장은 현수가 실제로 어떤 문제에 직면해 있는지 정확히 파악할 수 있었습니다.

2. 구체적 질문하기

좋은 코칭에서는 개방형 질문을 사용해서 사람들이 스스로 생각해볼 수 있도록 돕는다. 예를 들어 "어떻게 해야 할까요?" 보다는 "이 상황에서 당신이 가지고 있는 선택은 무엇인가요?" 라고 물어봄으로써, 사람들이 자신의 상황을 더 깊이 고민하도록 유도할 수 있다.

◈ ◈ ◈

이사님은 팀원들이 더 창의적인 해결책을 찾을 수 있도록 돕고 싫어합니다. 프로젝트 회의 중에 한 팀원이 어려움을 토로할 때, 이사님은 "우리가 이 문제를 어떻게 해결할 수 있을까?"라는 질문 대신 "이 문제에 접근할 수 있는 다른 방법이 있을까요?" 또는 "이 상황에서 우리의 강점을 어떻게 활용할 수 있을까요?"와 같은 질문을 던집니다. 이를 통해 팀원들은 상황을 다른 관점에서 바라보고, 더 넓은 범위의 해결책을 생각해볼 수 있게 됩니다.

3. 긍정적 피드백 주기

코칭에서는 긍정적인 피드백을 통해 사람들의 자신감을 향상시키고, 그들이 잘한 부분을 인정함으로써 더 많은 성과를 낼 수 있도록 격려한다.

정대리는 신입사원의 멘토로, 그들이 회사에 잘 적응하고 성장할 수 있도록 돕고 있습니다. 신입사원이 처음으로 클라이언트 미팅을 주도했을 때, 정대리는 단지 "잘했어요"라고 말하는 대신 "클라이언트의 질문에 답변하는 능력이 인상적이었어요. 특히 프로젝트의 잠재적인 문제점을 미리 파악하고 그에 대한 해결책을 제시한 부분이 뛰어났습니다"라고 구체적인 피드백을 제공합니다.

이로써 신입사원은 자신의 역량을 인식하고 더 자신감을 가지게 됩니다.

코칭 기술은 특별한 인재나 특정 직업을 가진 사람들만의 것이 아닙니다. 누구나 이러한 기술을 배우고 일상생활에서 적용할 수 있습니다. 경청, 구체적 질문하기, 긍정적인 피드백 주기와 같은 코칭 기술을 통해 우리는 서로의 성장을 도울 수 있으며, 이는 직장 뿐 아니라 개인적인 관계에서도 긍정적인 변화를 가져올 수 있습니다.

05
코칭을 통한 동기 부여 방법

코칭을 통한 동기 부여는 사람들이 자신의 내면에서 영감을 찾고, 스스로 원하는 변화를 이끌어내도록 돕는 과정이다. 이를 통해 개인이나 팀의 잠재력을 완전히 발휘하도록 지원할 수 있다. 이 과정에서 코치는 몇 가지 핵심적인 방법을 사용한다.

자기 인식을 높이는 것은 코칭 과정에서 중요한 첫 단계다. 사람들이 자신의 가치, 강점, 약점, 열정을 이해하게 되면, 자신에게 진정으로 의미 있는 목표를 설정하고 이를 달성하기 위한 동기를 내면에서 찾을 수 있다.

목표 설정은 개인이나 팀이 구체적이고 측정 가능하며, 도전적이면서도 달성 가능한 목표를 설정하도록 돕는다. 이런 목표는 동기를 부여하고, 방향을 제시하며, 집중력을 증진시킨다.

자기 효능감을 강화하는 것도 중요하다. 코치는 긍정적인 피드백과 성공 경험을 통해 개인이 자신의 능력을 믿고, 어려움을 극복할 수 있는 자신감을 갖도록 지원한다.

자기 결정은 코칭에서 빼놓을 수 없는 요소다. 사람들이 자신의 결정과 행동에 대한 통제권을 가지고 있다고 느낄 때, 그들은 더 큰 동기를 느끼고 목표를 향해 적극적으로 나아간다.

이러한 과정은 개인이나 팀이 스스로의 진정한 잠재력을 발견하고, 이를 발휘하여 실제로 변화를 만들어낼 수 있도록 돕는다. 코칭을 통해 제공되는 지속적인 지원과 격려는 사람들이 자신의 목표를 향해 꾸준히 나아갈 수 있는 힘을 준다.

이 과정을 좀 더 자세히 들여다보기 위해 '소영'이라는 팀 리더의 사례를 살펴보겠습니다.

소영은 자신이 이끄는 팀이 최근 몇 개월 동안 목표 달성에 어려움을 겪고 있다는 것을 깨달았습니다. 팀의 전체적인 분위기는 침체되었고, 팀원들은 자신들의 업무에 대한 열정을 잃어가고 있었습니다. 소영은 코칭을 통해 팀원들의 동기를 다시 부여하고 싶었습니다.

먼저 소영은 팀원 개개인과 일대일로 대화를 나누기 시작했습니다. 이 대화에서 그녀는 팀원들에게 "어떤 부분이 업무를 수행하는 데 있어 가장 큰 도전이 되었나요?", "당신이 이루고 싶은 것에 대해 말해줄 수 있겠나요?"와 같은 질문을 던졌습니다. 이러한 질문들은 팀원들이 자신의 상황을 반성하고, 자신들의 진정한 욕구와 목표에 대해 생각해 볼 기회를 제공했습니다.

대화를 통해 소영은 각 팀원들이 직면한 구체적인 문제들을 파악할 수 있었습니다. 한 팀원은 새로운 기술을 배우고 싶어 했지만 기회가 부족하다고 느꼈고, 다른 팀원은 업무의 단조로움에 지루함을 느끼고 있었습니다. 소영은 이러한 피드백을 바탕으로 각 팀원에게 맞는 솔루션을 제시했습니다. 기술 배우기를 원하는 팀원에게는 관련 교육 프로그램에 참여할 수 있는 기회를 제공했고, 업무의 다양성을 추구하는 팀원에게는 다른 부서와의 협업 프로젝트를 맡기는 등의 변화를 주었습니다.

또한, 소영은 팀 목표뿐만 아니라 개인의 발전 목표도 중요하게 다루었습니다. 그녀는 팀원들이 자신의 경력 개발을 위한 목표를 설정하도록 격려했고, 그 목표 달성을 위해 정기적인 피드백과 지원을 제공했습니다. 이 과정에서 팀원들은 자신들의 업무에 더 많은 의미와 가치를 부여할 수 있었습니다.

이 사례에서 소영은 코칭 기술을 사용하여 팀원들의 내재된 동기를 자극했다. 그녀는 팀원들이 자신들의 업무에 대해 다시 생각해보고, 자신의 성장을 위한 새로운 목표를 설정하도록 도왔다. 결과적으로 팀원들은 더 큰 동기 부여를 받고, 업무에 대한 열정을 회복했으며, 팀의 성과도 향상되었다. 코칭은 이처럼 개인의 내부 동기를 이끌어내고, 그들이 변화를 주도하도록 만드는 강력한 방법이 될 수 있다.

06
코치와 코치를 받는 이의 역할

코칭은 두 가지 주요한 역할이 동반된다. 첫째, 코치의 역할이며 둘째, 코치를 받는 이의 역할이다. 이 두 역할이 서로 조화롭게 작동할 때, 코칭은 그 진정한 효과를 발휘한다. 이제 이 두 역할에 대해 조금 더 자세히 알아보자.

1. 직장에서 코치의 역할

직장에서 코치의 역할은 굉장히 중요하다. 그 이유는 코치는 단순히 지시와 평가를 내리는 상사의 역할을 넘어, 직원들의 개인적인 성장과 팀의 전반적인 발전을 이끌어 내는 핵심적인 인물이기 때문이다. 그렇다면 직장에서 코치는 어떤 역할들을 하는 것일까?

- **목표 설정 및 도달 지원** : 직원들이 개인적인 목표를 설정하고 그 목표를 달성하는 데 도움을 준다. 이는 직원들이 자신들의 역량을 최대한 발휘하고, 개인적인 성장과 조직의 목표를 동시에 추구할 수 있게 한다.
- **피드백 제공** : 직원들의 업무 수행을 평가하고, 그들의 성과와 개선점에 대한 피드백을 제공한다. 이는 직원들이 자신의 장점을 강화하고 약점을 개선하는 데 도움을 준다.
- **문제 해결 지원** : 직원들이 업무상의 문제를 해결하는 데 필요한 도움을 제공한다. 코치는 직원들의 문제 해결 능력을 향상시키기 위해, 문제를 해결하는 방법을 가르치거나 효과적인 해결책을 제안한다.
- **학습과 개발 지원** : 직원들이 필요한 역량을 개발하고, 새로운 지식과 기술을 습득하는 데 도움을 준다. 이는 직원들이 지속적으로 자기 개발을 할 수 있게 하며, 조직의 경쟁력을 강화한다.
- **동기 부여** : 직원들이 자신의 업무에 대한 열정과 동기를 유지하도록 돕는다. 이는 직원들이 높은 성과를 내는 데 필요한 동기를 부여하고, 그들의 성과를 인정하고 보상한다.

'김현수'라는 직원이 새로운 프로젝트를 맡게 됐다. 그의 코치는 현수에게 프로젝트의 목표를 명확하게 설정하도록 도와주고, 그가 목표를 달성할 수 있도록 필요한 자원을 제공한다. 프로젝트 진행 중에는 현수의 업무 성과를 평가하고, 그에게 피드백을 제공한다. 만약 현수가 문제에 부딪히면, 코치는 그에게 문제를 해결하는 방법을 제시하거나, 필요한 경우에는 직접 도움을 준다.

직장에서의 코치는 직원들의 성장과 발전을 이끌어 내는 중추적인 역할을 한다. 코치는 직원들이 자신의 잠재력을 최대한 발휘하도록 돕고, 그들이 업무에 대한 열정과 동기를 유지하도록 돕는다. 이와 같은 코치의 역할을 통해 조직은 더욱 효과적으로 업무를 수행하고, 지속적으로 성장하고 발전할 수 있다.

2. 직장에서 코치를 받는 이의 역할

직장에서 코치를 받는 이, 즉 코칭을 받는 직원의 역할도 코치의 역할만큼 중요하다. 코치가 가르치고 지도하는 것만으로는 충분하지 않으며, 코치를 받는 이가 그 지침을 받아들이고 행동으로 옮기는 것이 필수적이다. 그렇다면 직장에서 코치를 받는 이는 어떤 역할들을 하는 것일까?

- **목표 설정** : 자신의 개인적인 목표와 조직의 목표를 명확하게 설정하는 역할을 한다. 이는 자신이 어디로 가야 하는지 방향성을 제시하며, 코치와의 코칭 과정을 통해 이 목표를 달성하는 데 필요한 계획을 수립하는 데 도움이 된다.
- **피드백 수용** : 코치의 피드백을 열린 마음으로 받아들이고, 그 피드백을 바탕으로 자신의 행동을 조정하는 역할을 한다. 이는 자신의 성과를 향상시키고, 개선점을 발견하며, 지속적인 성장을 이루는 데 도움이 된다.
- **자기 주도적 학습** : 코치의 지도를 받아 학습하는 것뿐만 아니라, 스스로 필요한 지식과 능력을 습득하고 개발하는 역할을 한다. 이는 자신의 역량을 향상시키고, 지속적인 자기 개발을 도모하는 데 중요하다.

'이지현'이라는 직원이 새로운 업무를 맡게 됐다. 그녀의 코치는 그녀에게 업무를 수행하는 데 필요한 지도와 피드백을 제공한다. 이때, 지현은 코치의 피드백을 받아들이고, 그것을 바탕으로 자신의 업무 수행 방식을 조정한다. 또한, 그녀는 코치가 제공하는 자료를 활용하여 스스로 학습하고, 자신의 역량을 향상시킨다.

직장에서 코치를 받는 이는 적극적인 자기개발의 주인공이다.

그들은 코치의 지도와 피드백을 바탕으로 자신의 성과를 향상시키고, 자기 주도적으로 학습하고 성장한다. 이와 같은 코치를 받는 이의 역할을 통해, 그들은 자신의 잠재력을 최대한 발휘하고, 개인적인 성장과 조직의 발전을 동시에 추구할 수 있다.

07
코칭을 통해 변화를 이끌어낸 사례들

코칭은 개인의 성장과 조직의 발전을 위한 중요한 수단이다. 이를 통해 많은 사람들과 조직들이 큰 변화와 발전을 이루어냈다. 다음은 코칭을 통해 변화를 이끌어낸 실제 사례들이다.

1. 개인의 역량 향상 사례
'김민수'라는 소프트웨어 개발자의 성장 이야기를 통해, 개인의 역량 향상을 위한 코칭에 대해 좀 더 자세히 알아보겠습니다.

민수는 자신의 업무 능력이 향상되지 않음을 느꼈고, 이에 따라 자신의 성과에 만족하지 못했습니다. 그는 동료들이 복잡한 문제를 해결하거나 새로운 기술을 습득하는 것을 보며, 자신도 그런 능력을 갖추고 싶다는 생각을 하였습니다.

이에 민수는 코치에게 도움을 청하였습니다. 코치와의 첫 만남에서, 코치는 민수의 현재 업무 수행 능력을 평가하였고, 그의 장점과 약점, 그리고 개선 가능성을 파악하였습니다. 이를 바탕으로 코치는 민수에게 개발 능력을 향상시키는 방법과, 그가 부족한 부분을 보완하는 방법을 제시하였습니다.

민수는 코치의 조언을 받아들여, 자신의 업무 방식을 변화시켰습니다. 그는 코치가 제시한 방법을 통해 개발 능력을 향상시키고, 부족한 부분을 보완하였습니다. 예를 들어, 코치가 제안한 새로운 프로그래밍 언어를 배워서 자신의 기술 스택을 확장하였고, 코딩 습관을 개선했습니다.

또한, 민수는 코치와의 정기적인 만남을 통해 자신의 진척 상황을 공유하고, 코치의 피드백을 받아들였습니다. 이 과정에서 민수는 자신이 어떤 방식으로 성장하고 있는지, 그리고 어떤 부분을 더 개선해야 하는지 명확하게 알게 되었습니다.

이런 코칭 과정을 통해 민수는 큰 성장을 이루어냈고, 그의 업무 성과도 크게 향상되었습니다. 그는 복잡한 문제를 해결하는 능력을 키우고, 새로운 기술을 빠르게 습득하는 데 성공하였습니다. 또한, 자신의 성과에 만족하게 되었고, 자신의 업무에 대한 열정도 더욱 높아졌습니다.

민수의 이야기처럼, 코칭은 개인의 성장을 돕는 중요한 도구가 될 수 있습니다.

2. 팀의 성과 향상 사례

A 회사의 마케팅 팀은 성과가 좋지 않았습니다. 팀원들 간에 서로의 역할에 대한 이해도가 낮고, 커뮤니케이션 문제가 발생하여 팀워크가 잘 이루어지지 않았습니다. 이에 팀장은 팀의 문제를 해결하고자 코치를 도입하였습니다.

코치는 팀의 현 상황을 파악하기 위해 팀원들과 개별 면담을 가졌습니다. 각 팀원이 자신의 문제와 고민을 이야기하고, 그들이 어떻게 팀 내에서 역할을 수행하고 있는지를 이해하려 노력하였습니다.

마케팅 전략 담당자인 김대리는 자신의 아이디어가 팀 내에서 충분히 공유되지 않는다며 불만을 표현하였습니다. 코치는 이를 듣고, 팀 내에서 의견 공유를 어떻게 개선할 수 있는지를 논의하였습니다.

코치는 팀원들과의 면담을 바탕으로 팀의 목표를 달성하는 방법과 각 팀원의 역량을 향상시키는 방법을 제시하였습니다. 팀의 커뮤니케이션 문제를 해결하기 위해 다양한 팀 빌딩 활동을 실시하였습니다.

코치는 팀원들이 서로의 의견을 자유롭게 공유할 수 있는 워크샵을 개최하였습니다. 워크샵에서 팀원들은 김대리의 아이디어를 듣고, 그 아이디어에 대한 피드백을 주고 받았습니다. 이 과정을 통해 팀원들은 서로를 더 잘 이해하게 되었고, 팀 내에서 의견 공유가 원활하게 이루어지게 되었습니다.

이와 같은 코칭 과정을 통해 A 회사의 마케팅 팀은 큰 변화를 이루었습니다. 팀원들은 코치의 도움으로 자신의 역량을 향상시키고, 팀의 목표를 달성하는데 필요한 동기를 되찾았습니다. 그 결과, 팀의 성과는 크게 향상되었고, 팀원들은 자신의 업무에 대한 만족도도 높아졌습니다.

3. 조직의 문화 변화 사례

B 회사의 조직 문화는 수직적이었고, 모든 결정은 상위 경영진에 의해 이루어졌습니다. 이로 인해 팀의 창의성이 억제되고, 직원들의 업무 만족도 또한 떨어졌습니다. 이러한 상황을 변화시키기 위해 CEO '백서준'은 조직 문화의 변화를 결정하고 코치를 도입했습니다.

코치는 직원들과 면담을 통해 각자의 업무에 대한 불만과 개선점을 들어냈습니다. 이를 통해 직원들이 더 개방적이고 참여적인 조직 문화를 원한다는 것을 발견하였습니다. 이에 따라 코치는 CEO에게 직원들이 의사결정 과정에 참여할 수 있도록 하는 방법을 제안하였고, '백서준'은 이를 수용하여 '오픈 포럼'을 도입하였습니다.

'오픈 포럼'에서 직원들은 자유롭게 의견을 공유하며, 이를 통해 자신의 목소리가 회사의 결정에 반영되는 것을 체험하였습니다. 이는 직원들의 업무 만족도를 높였고, 회사 내에서의 창의성 역시 촉진하였습니다.

또한, 코치는 직원들의 커뮤니케이션 능력을 향상시키기 위한 트레이닝을 제공하였습니다. 서로를 존중하고 이해하는 방법을 배운 직원들은 더욱 원활한 커뮤니케이션을 이루어냈고, 이는 조직 문화의 개방성을 더욱 강화하였습니다.

이렇게 코칭을 통해 B 회사의 조직 문화는 수직적인 구조에서 개방적이고 참여중심의 문화로 크게 변화하였습니다. 이 변화는 직원들의 만족도 향상과 함께 회사의 성과를 높이는 긍정적인 결과를 가져왔습니다.

08
코칭을 일상과 업무에 적용하는 방법

코칭은 일상과 업무에 적용하면 개인의 성장과 팀의 향상에 큰 도움이 된다. 코칭은 개인의 잠재력을 깨우고, 목표를 설정하며, 그 목표를 달성하는 방법을 찾는데 도움을 준다. 코칭의 핵심은 개인이나 팀이 스스로 문제를 해결하고, 목표를 달성할 수 있도록 돕는 것이다.

목표설정

코칭의 첫 단계는 목표를 설정하는 것이다. 이 단계에서는 개인이나 팀이 추구하는 가치와 비전을 명확하게 하는 데 도움이 된다. 목표 설정은 우리가 어디로 가고자 하는지, 그리고 어떻게 그

곳에 도달하려고 하는지에 대한 방향성을 제시한다.

1. **가치와 비전 명확화** : 가치와 비전은 개인이나 팀이 추구하는 핵심적인 원칙과 목표다. 가치는 우리가 중요하게 생각하는 것들을, 비전은 우리가 달성하고자 하는 미래의 모습을 나타낸다. 이들을 명확히 하는 것은 효과적인 목표 설정의 첫걸음이다.

2. **개인의 목표 설정** : 개인의 목표 설정은 그 사람이 달성하고자 하는 개인적인 목표를 설정하는 것이다. "올해 안에 프로젝트 관리자 자격증을 취득하고 싶다"는 개인의 목표가 될 수 있다. 이 목표는 그 사람의 가치와 비전, 그리고 그에 따른 행동 계획을 명확하게 하는 데 도움이 된다.

3. **팀의 목표 설정** : 팀의 목표 설정은 팀이 달성하고자 하는 공동의 목표를 설정하는 것이다. "다음 분기까지 매출을 20% 증가시키는 것"이 팀의 목표가 될 수 있다. 이 목표는 팀의 가치와 비전, 그리고 그에 따른 행동 계획을 명확하게 하는 데 도움이 된다.

4. **SMART 목표 설정** : 효과적인 목표 설정은 SMART 원칙에 따라 이루어진다. SMART는 특정^{Specific}, 측정 가능^{Measurable}, 도달 가능^{Achievable}, 실제적^{Relevant}, 시간 기반$^{Time-bound}$의 약자다.

이 원칙에 따른 목표 설정은 우리가 목표를 명확하고, 실현 가능하게 설정하도록 돕는다.

자기반성

이 단계에서는 개인이나 팀이 스스로의 현재 상황을 명확하게 인식하도록 돕는다. 이를 통해 자신들의 강점과 약점, 기회와 위협을 파악하고, 그에 따라 자신들의 행동을 조정하거나 개선할 수 있다.

1. **자기 인식** : 자기반성의 첫 단계는 자기 인식이다. 이 과정에서 개인이나 팀은 자신의 감정, 동기, 가치, 선호, 능력 등을 이해하게 된다. 이는 자신이나 팀의 강점과 약점을 파악하는데 도움이 된다.

2. **SWOT 분석** : SWOT 분석은 강점[Strengths], 약점[Weaknesses], 기회[Opportunities], 위협[Threats]의 첫 글자를 따서 만든 용어다. 개인이나 팀은 자기반성 과정에서 이러한 요소들을 파악하게 된다. 이를 통해 현재 상황을 정확히 이해하고, 미래에 대한 계획을 세울 수 있다.

3. **질문과 반성** : 자기반성은 스스로에게 질문을 던지고, 그에 대한 답을 찾는 과정이다. "나는 어떤 일을 잘하는가?", "나

는 어떤 일을 개선해야 하는가?", "나에게는 어떤 기회가 있는가?", "나에게는 어떤 위협이 있는가?" 등의 질문을 던질 수 있다. 이러한 질문과 반성은 개인이나 팀이 자신들의 현재 상황을 명확하게 이해하고, 그에 따른 행동 계획을 수립하는 데 도움이 된다.

행동 계획 수립

목표 설정과 자기반성을 바탕으로 그 목표를 달성하기 위한 구체적인 계획을 세우는 과정이다. 이 계획은 구체적이고, 측정 가능하고, 도전적이며, 현실적이고, 시간에 구애받는 목표^{SMART}를 포함해야 한다.

1. **구체적**^{specific} : 명확하고 구체적이어야 한다. 어떤 행동을 할 것인지, 그 행동의 결과는 무엇인지, 왜 그 행동이 필요한지 등을 명확하게 정의해야 한다.
2. **측정 가능**^{Measurable} : 측정 가능해야 한다. 행동의 결과를 측정할 수 있는 기준이 있어야 행동의 진행 상황과 성과를 확인하고 평가할 수 있다.
3. **도전적**^{Achievable} : 도전적이어야 한다. 너무 쉬운 목표는 동기를 불러일으키지 못하고, 너무 어려운 목표는 실패로 이어질

수 있다. 따라서, 도전적이면서도 달성 가능한 목표를 설정해야 한다.

4. **현실적**Relevant : 현실적이어야 한다. 개인이나 팀의 능력, 자원, 환경 등을 고려하여 실현 가능한 계획을 세워야 한다.

5. **시간에 구애받는**Time-bound : 시간에 구애받아야 한다. 목표를 달성하기 위한 시간제한을 설정하여 행동의 우선순위를 결정하고, 진행 상황을 확인할 수 있다.

이렇게 행동 계획을 SMART 원칙에 따라 수립하면, 개인이나 팀은 목표 달성에 필요한 행동을 체계적으로 계획하고 실행할 수 있다.

피드백과 성장

개인이나 팀이 행동 계획을 실행하면서 받은 피드백을 바탕으로 성장하는 과정을 말한다. 이 과정에서는 실패를 두려워하지 않고, 오히려 실패를 통해 배우고 성장하는 것을 강조한다.

1. **피드백 수용** : 피드백은 개인이나 팀이 자신들의 행동과 결과에 대해 다른 사람들로부터 받는 평가나 의견이다. 피드백은 주관적일 수도 있지만, 개인이나 팀이 자신들의 행동을

객관적으로 이해하고 판단하는 데 도움을 준다. 피드백을 통해 개인이나 팀은 자신들이 잘하고 있는 것, 개선해야 하는 것, 더 시도해볼 만한 것 등을 알 수 있다.

2. **반성과 학습** : 피드백을 받은 후에는 그 피드백을 바탕으로 반성하고 학습해야 한다. 피드백은 개선점을 찾아내고, 그에 따라 행동을 조정하거나 새로운 방법을 시도하는 데 유용한 정보를 제공한다. 피드백에서 얻은 인사이트를 통해 개인이나 팀은 자신들의 행동을 개선하고, 더 나은 결과를 도출할 수 있다.

3. **실패를 통한 성장** : 코칭은 실패를 두려워하는 것이 아니라, 실패를 통해 배우고 성장하는 것을 강조한다. 실패는 우리가 어떤 것을 잘못하거나 놓치고 있는지를 알려주는 중요한 피드백이다. 따라서, 실패를 통해 우리는 자신들의 약점을 파악하고, 그 약점을 개선하는 방법을 찾아낼 수 있다.

이렇게 코칭을 일상과 업무에 적용하면, 개인이나 팀은 자신들의 목표를 달성하는 데 필요한 역량을 향상시킬 수 있다. 또한, 코칭은 개인이나 팀이 자신들의 역할과 책임을 명확하게 인식하고, 그 역할을 잘 수행하는 데 도움을 준다.

09
코칭은 어떻게 발전해 왔는가?

코칭이 어떻게 발전해 왔는지 살펴보면, 그 뿌리는 인간의 성장과 발전에 대한 깊은 관심에서 시작되었다고 볼 수 있다.

코칭의 역사는 고대 그리스 시대에 이르러 소크라테스의 '마이에우틱' 방법에서 기원을 찾아볼 수 있다.

소크라테스의 '마이에우틱' 방법, 즉 산파술은 소크라테스가 대화를 통해 교육하는 주된 방식이다. '마이에우틱'이란 단어는 그리스어로 '산파의 기술'을 의미하며, 사람들이 자신 안에 이미 존재하는 진리와 지식을 '출산'하도록 돕는 과정을 나타낸다.

이 방식은 질문을 통해 상대방으로 하여금 스스로 생각하고 자신의 해답을 찾아내도록 만드는 것을 목적으로 한다. 소크라테스는 자신이 아무것도 모른다고 주장하면서, 사람들이 자신의 지식에 스스로 도달하게 유도했다. 그는 사람들의 믿음이나 가정을 깊이 탐구하게 하고, 그 과정에서 모순을 발견하게 함으로써 명확하고 타당한 결론에 도달하도록 도왔다.

질문을 통해 상대방이 단순히 지식을 받아들이기보다는, 비판적으로 사고하고 그 과정에서 자신만의 이해와 지식을 '출산'하도록 만드는 것이었다. 이 방법은 지식의 단순한 전달을 넘어서, 사람들로 하여금 자신의 무지를 인식하고 지적 탐구와 성찰을 통해 진리를 추구하게 했다.

오늘날에도 마이에우틱 방법은 코칭이나 멘토링, 상담 분야에서 중요한 기법으로 활용된다. 이를 통해 코치나 멘토는 상대방이 스스로 문제를 해결하고, 자기 이해를 깊이하며, 개인적인 통찰을 얻도록 이끈다.

소크라테스의 이 방법은 비판적 사고와 자기 주도적 학습을 촉진하며, 개개인의 잠재력을 발견하고 개발하는 데 큰 영향을 미친다. 현대 교육과 코칭에서 이 방법은 중요한 근간을 이루며, 여전히 많은 사람들에게 영감을 주는 교육 철학으로 자리매김하고 있다.

20세기 중반에는 코칭이 스포츠 분야에서 심리적 요소가 성과 향상에 미치는 중요성과 함께 체계화되기 시작하였다. 이 시기에 코치의 역할은 선수들의 잠재력을 발휘하고 목표를 달성하기 위한 전략을 세우는 데 크게 강조되었다.

비즈니스와 개인의 삶의 질을 향상시키는 도구로서 코칭은 더욱 발전하였다. 티모시 갈웨이는 1970년대에 'The Inner Game of Tennis'를 시작으로 'The Inner Game' 시리즈를 저술하였다. 이 시리즈는 테니스, 골프, 음악, 일상생활 등 다양한 분야에 적용할 수 있는 내면적인 집중과 자기 인식을 향상시키는 방법을 탐구한다. 이 시리즈는 개인의 성능을 극대화하고 자기 자신에 대한 장애물을 극복하는 데 초점을 맞추고 있으며, 코칭뿐만 아니라 자기 계발 분야에서도 큰 영향을 끼쳤다. 'The Inner Game of Tennis'는 특히 스포츠 코칭뿐 아니라 비즈니스와 개인 생활에도 적용 가능한 내용을 담고 있어, 코칭 분야에 혁신적인 아이디어를 제공하였다. 이는 비즈니스와 개인 생활에 적용될 수 있는 코칭의 기본 원칙으로 자리 잡았다.

1980년대와 1990년대에는 토머스 레너드와 같은 인물들이 개인 코칭 분야를 혁신하며 코칭 산업의 기초를 다졌다. 레너드는 코칭을 직업으로 삼는 개념을 도입하였고, 국제 코치 연맹과 같은 전문 기관을 설립하여 코칭의 전문성과 기준을 마련하는 데 기여하였다.

현재 코칭은 개인의 삶뿐만 아니라 조직과 기업에서도 중요한 역할을 담당하고 있다. 리더십 코칭, 경력 코칭, 생활 코칭 등 다양한 분야에서 사람들이 자신의 목표를 달성하고, 자기 인식을 향상시키며, 변화를 성공적으로 관리하도록 돕고 있다.

발전 과정의 사례로는 구글의 'Project Oxygen'이 있다. 이 프로젝트는 구글 내에서 최고의 매니저들이 어떻게 팀원들의 성과를 높이는지 연구하였다. 연구 결과, 코칭 기술이 매우 중요한 요소로 드러났으며, 이를 통해 매니저들의 코칭 능력 개발에 중점을 두는 문화가 조성되었다.

10
코칭이 개인의 심리에 미치는 영향

코칭이 개인의 심리에 미치는 영향에 대해 자세히 살펴보자면, 이는 개인이 자신의 생각, 감정, 행동을 이해하고 개선하는 데까지 이르는 광범위한 과정을 포함한다. 코칭을 통해 사람들은 자신의 내면을 탐색하고, 더 나은 삶의 습관을 형성하며, 자기 실현을 향해 나아가는 데 필요한 변화를 만들어낸다.

자기 인식의 증진에서 코칭은 큰 역할을 한다. 자기 인식은 스스로를 이해하는 능력, 즉 개인이 자신의 감정, 생각, 가치, 동기, 행동 등을 인지하고 이해하는 것을 말한다. 코칭은 이러한 자기 인식을 향상시키는 데 큰 도움을 줄 수 있다.

코칭 과정에서, 코치는 클라이언트가 자신의 내면을 탐색할 수 있도록 다양한 질문을 던진다. 이러한 질문은 클라이언트가 자신의 행동의 근본적인 원인을 이해하고, 자신의 신념과 가치가 어떻게 현재의 선택과 미래의 목표에 영향을 미치는지를 파악하게 한다. 자기 인식은 자신의 강점과 약점을 명확히 알고, 이를 바탕으로 개인의 성장과 발전을 도모하는 데 필수적이다.

직장인 A씨가 자신의 커리어 발전에 있어서 다음 단계로 나아가고 싶어 한다고 가정해보자. 코치는 A씨가 자신의 커리어에 대해 어떻게 생각하는지, 어떤 가치를 중요하게 여기는지, 어떤 업무가 가장 만족스럽고 그 이유는 무엇인지 등을 묻는 질문을 통해 그의 자기 인식을 증진시킨다. 이러한 대화를 통해 A씨는 자신의 커리어에 대한 깊은 통찰을 얻고, 어떤 방향으로 나아가야 할지에 대한 명확한 비전을 형성할 수 있다.

또한, 코칭은 개인이 자신의 감정을 이해하고 관리하는 데도 도움을 준다. 감정 인식은 자기 인식의 중요한 부분으로, 감정의 원인을 이해하고, 이에 대응하는 적절한 방법을 찾는 것을 포함한다. 예를 들어, B씨가 업무 중에 느끼는 불안감을 다루고자 할 때, 코치는 그가 불안을 느끼는 구체적인 상황을 파악하고, 그러한 감정이 발생하는 이유를 탐색하며, 감정을 조절할 수 있는 방법을 찾도록 돕는다.

자기 인식을 증진시키는 데는 자기반성, 명상, 일기 쓰기, 감정

일지 작성, 피드백 수집 등 다양한 도구와 기법이 활용될 수 있다. 코치는 이러한 도구를 클라이언트에게 소개하고, 클라이언트가 자신의 생각과 감정을 더 깊이 이해하고, 자신에 대한 인식을 명확히 하는 데 도움을 준다.

자기 인식의 증진은 개인이 자신의 내면을 이해하고, 자신의 삶을 적극적으로 주도해 나가는 데 있어 핵심적인 역할을 한다. 코칭은 이러한 자기 인식을 높이는 데 필수적인 과정으로, 개인이 자신의 잠재력을 깨닫고, 자신의 목표와 꿈을 실현하는 데 크게 기여한다.

목표 설정과 동기 부여 측면에서도 코칭은 핵심적이다. 코칭은 개인이 자신의 목표를 명확히 하고, 그 목표를 향해 나아가기 위해 필요한 동기를 부여받도록 돕는다. 이 과정에서 개인은 자신의 내면적인 동기와 외부적인 동기를 탐색하고, 이를 적절히 조화시켜 목표 달성에 필요한 행동 변화를 이끌어낸다.

목표 설정은 단순히 원하는 바를 정하는 것 이상으로, 구체적이고, 측정 가능하며, 달성 가능하고, 관련성이 있으며, 시간 기반의 목표를 세우는 과정을 포함한다. 코치는 클라이언트가 이러한 특성을 갖춘 목표를 설정하도록 돕는다. 예를 들어, 체중 감량을 원하는 C씨의 경우, 코치는 그가 '3개월 안에 5kg을 감량한다'와 같이 구체적이고 시간적 제한이 있는 목표를 세우도록 돕는다. 이렇게 명확한 목표는 C씨가 추진력을 갖고 일관된 행동을 유지하도록 만든다.

동기 부여는 목표 달성을 위한 원동력이 된다. 코칭에서는 클라이언트가 왜 그 목표를 달성하고 싶어 하는지, 그 목표가 그들에게 어떤 의미를 갖는지를 탐색한다. 코치는 클라이언트가 내재된 동기, 즉 개인의 가치와 연결된 동기를 발견하도록 돕는다. C씨가 체중을 감량하고자 하는 깊은 동기가 건강을 유지하고 활동적인 라이프스타일을 살고자 하는 것일 수 있다. 이 내재된 동기는 C씨에게 강력한 동기를 제공하고, 어려움에 직면했을 때도 포기하지 않도록 만든다.

코칭 과정에서는 장애물을 극복하고, 동기를 유지하는 전략도 개발한다. 코치는 클라이언트가 장애물을 인식하고, 이를 극복하기 위해 어떤 자원과 기술이 필요한지를 함께 탐색한다. 또한, 작은 성공을 축하하고, 진행 상황을 정기적으로 검토하며, 필요할 때 행동 계획을 조정한다. 이러한 지속적인 지원과 피드백은 클라이언트가 목표에 대한 동기를 유지하도록 돕는다.

코칭은 이와 같이 목표 설정과 동기 부여를 통해 클라이언트가 자신의 잠재력을 실현하고, 원하는 변화를 이루며, 삶의 질을 향상시킬 수 있도록 한다.

변화 추구 과정에서 코칭은 개인이 자신의 삶에서 원하는 변화를 만들어내고, 그 변화를 지속 가능하게 하는 데 중요한 역할을 한다. 코칭은 변화를 원하는 사람들이 자신의 목표와 가치에 부합하는 변화를 추구하도록 지원한다. 이 과정은 목표 설정, 행동 계획 수립, 실행, 그리고 그 과정에서 발생할 수 있는 어려움을 극복하는 전략 개발을 포함한다.

먼저, 코치는 클라이언트가 변화를 원하는 이유와 그 변화가 자신의 삶에 어떤 의미를 갖는지를 명확히 하도록 돕는다. 이것은 변화에 대한 깊은 동기와 연결되어 있으며, 클라이언트가 변화 과정을 지속할 수 있도록 하는 내적인 원동력을 제공한다.

D씨가 직장에서의 승진을 목표로 하고 있다면, 코치는 그가 왜 승진을 원하는지, 승진이 그의 개인적이고 전문적인 가치에 어떻게 부합하는지를 탐색한다. 이러한 이해를 바탕으로, 코치는 D씨가 실질적인 행동 계획을 수립하도록 돕는다. 이 계획은 승진을 위해 필요한 기술 개발, 네트워킹 활동, 업무 성과 향상 등 구체적인 단계를 포함할 수 있다.

코칭에서는 변화를 이루기 위한 구체적인 행동 변화가 중요하다. 코치는 클라이언트가 변화를 위해 취해야 할 구체적인 행동을 식별하고, 이를 일상에 통합할 수 있도록 돕는다. 이는 단기 목표의 설정으로부터 시작하여, 각 목표를 달성하기 위한 세부 행동 사항들을 결정하는 것을 포함한다.

변화 과정에서 발생할 수 있는 장애물을 극복하는 것도 코칭의 중요한 부분이다. 코치는 클라이언트가 장애물을 인식하고, 이에 대처할 수 있는 전략을 개발하도록 지원한다. 이는 스트레스 관리 기술, 시간 관리 전략, 갈등 해결 기법 등을 포함할 수 있다.

또한, 코칭 과정에서는 변화를 지속하기 위한 지원 체계의 중요성을 강조한다. 자기 점검, 진행 상황에 대한 정기적인 검토, 성공을 축하하는 것은 모두 변화를 유지하고 강화하는 데 도움이 된다. 코치는 클라이언트가 변화를 이루고, 그 변화가 개인의 삶에 긍정적인 영향을 미치는 것을 확인하도록 지원한다.

코칭은 개인이 변화를 추구하고, 그 변화를 실현하며, 변화를 지속 가능하게 하는 과정에서 필요한 지원을 제공한다. 이는 클라이언트가 자신의 목표를 달성하고, 개인적이고 전문적인 성장을 이루는 데 중요한 역할을 한다.

11
흔히 부딪히는 문제들과 그 해결 방안

코칭 과정에서 만나게 되는 장애물은 다양하며, 이러한 장애물을 극복하는 것은 코칭의 성공을 좌우한다. 여기에는 개인의 내면적인 문제뿐만 아니라, 외부 환경, 관계적인 도전 등이 포함될 수 있다. 코칭을 통해 이러한 장애물을 인식하고 해결하는 방법을 배우는 것은 개인의 성장과 발전에 매우 중요하다.

첫 번째 장애물은 목표에 대한 명확하지 않은 정의일 수 있다. 이는 코칭을 받는 사람이 자신이 무엇을 달성하고 싶은지, 왜 그것을 원하는지에 대해 구체적이고 명확하게 정의하지 못했을 때 일어난다. 목표가 모호하면, 그 목표를 향해 나아갈 동기 부여가 부족하고, 구체적인 행동 계획을 세우기 어려워 지속 가능한 변화를 이끌어내기 힘들어진다.

A씨가 '더 성공적인 경력을 원한다'고 할 때, '성공'이라는 것이 구체적으로 무엇을 의미하는지 명확하지 않으면, 코칭세션은 방향성을 잃고 비효율적이 될 수 있다. 이 경우, A씨의 코치는 다음과 같은 질문들을 통해 목표를 정의하는 데 도움을 줄 것이다.

1. '성공적인 경력'이란 당신에게 무엇을 의미하나요?
2. 이 목표를 향해 나아가는 것이 당신의 삶에 어떤 변화를 가져올까요?
3. 당신에게 중요한 경력의 구체적인 요소는 무엇인가요? (예 : 책임감 있는 업무, 높은 급여, 워크-라이프 밸런스 등)
4. 당신이 이 목표를 달성했을 때의 삶을 상상해 보세요. 그 상황은 어떠한가요?

이런 질문들을 통해 N씨는 '성공'이라는 개념을 보다 세분화하고 구체화할 수 있다. 그 후에는 SMART 기준(구체적, 측정 가능, 달성 가능, 관련성 있음, 시간 기준)을 사용하여 실질적인 목표를 설정한다.

A씨가 '1년 안에 프로젝트 매니저로 승진하여 연봉을 20% 인

상받는 것'이라는 구체적인 목표를 설정했다면, 이제 코치와 A씨는 이 목표를 향한 구체적인 행동 계획을 수립할 수 있다. 이 계획은 필요한 기술과 자격증 취득, 네트워킹 활동, 업무 성과 향상 등을 포함할 수 있다.

이런 방식으로 명확한 목표 설정은 코칭 과정에서 발생할 수 있는 장애물을 해결하는 첫 단계이며, 이후의 코칭세션의 효과성과 효율성을 높이는 기초를 마련한다.

두 번째 장애물은 동기 부족일 수 있다. 사람들이 자신이 설정한 목표를 향해 나아가길 원하지만, 종종 그 길을 걷기 위한 내적인 추진력이 부족해 행동으로 옮기지 못하는 경우가 많다. 이는 목표 달성을 위한 지속적인 노력과 실천의 결여로 이어질 수 있다.

B씨가 자기 개발을 위해 새로운 기술을 배우고 싶어 하지만, 일과 가정생활의 바쁜 일정 속에서 학습에 필요한 시간과 에너지를 할애하기 어려워한다고 가정해보자. B씨는 목표의 중요성을 인식하고 있지만, 실제로 행동으로 옮기는 데 필요한 동기를 찾지 못하고 있다.

이러한 상황에서 코치는 B씨가 왜 새로운 기술을 배우고 싶어 하는지, 그리고 그것이 그의 삶에 어떤 긍정적인 변화를 가져올 수 있는지 깊이 파고들어 B씨가 내적인 동기를 발견할 수 있도록 한다. 코치는 B씨에게 아래와 같은 질문을 할 수 있다.

1. 새로운 기술을 배우고자 하는 이유는 무엇인가요?
2. 이 기술이 당신의 경력이나 개인적인 삶에 어떤 영향을 줄 수 있을까요?
3. 장기적으로 이 기술을 습득했을 때 당신은 어떤 모습일까요?

이 과정을 통해, B씨는 자신이 기술을 배우고자 하는 근본적인 이유를 이해하게 되고, 이는 그의 행동을 이끄는 강력한 내적인 동기로 작용할 수 있다. 예컨대, B씨가 자신이 배우고자 하는 기술이 경력 전환에 필요하다거나, 장기적으로 더 나은 일과 삶의 균형을 제공할 수 있다는 것을 깨달을 수 있다.

또한, 코치는 B씨가 작은 목표를 설정하고, 진척을 위한 단기적인 성취감을 경험할 수 있도록 돕는다. 이는 B씨에게 진행 상황을 시각화하고, 달성한 성취를 축하하는 기회를 제공하여 동기를 더욱 강화한다.

세 번째 장애물은 실행의 어려움이다. 목표를 설정하고 동기를 찾는 것은 중요하지만, 결국 그 목표를 달성하기 위해 실제로 행동으로 옮기는 것이 가장 중요하다. 많은 사람들이 계획은 세웠지만 실제로 실행에 옮기는 데 실패하는 경우가 많다.

C씨가 자신의 건강을 개선하기 위해 규칙적으로 운동을 하겠다고 결심했다고 가정해 보자. C씨는 운동의 중요성을 인지하고 있으며, 건강을 위한 운동 계획도 세웠지만, 바쁜 일상 속에서 운동을 하기 위한 시간을 찾는 데 어려움을 겪고 있다. 이러한 경우, 코치는 C씨가 실제로 계획을 실행에 옮길 수 있도록 다음과 같은 방법으로 도움을 줄 수 있다.

1. **작은 습관 형성하기** : 코치는 C씨에게 큰 목표 대신 작은 습관을 형성하도록 권장할 수 있다. 매일 1시간 운동하기보다는 하루 10분 걷기부터 시작하는 것이다. 이렇게 작은 습관부터 시작하면 실행에 옮기기가 훨씬 더 쉬워진다.

2. **시간 관리 기술 개선하기** : C씨가 시간을 효과적으로 관리하는 방법을 배우도록 도와, 운동을 위한 시간을 확보할 수 있도록 한다. 코치는 시간 관리 기술을 가르치고, 우선순위를 정하는 방법을 안내할 수 있다.

3. **환경 조성하기** : C씨의 환경을 운동하기 좋게 만들어주는 것도 중요하다. 신발을 보이는 곳에 두거나, 운동을 할 수 있는 공간을 만들어 두는 것처럼, 운동을 시작하기 쉬운 환경을

만드는 것이다.

4. **구체적인 계획 수립하기** : '운동을 더 많이 하기'보다는 '매주 월, 수, 금요일 아침 7시에 30분간 조깅하기'와 같이 구체적인 계획을 세우는 것이 좋다. 구체적인 계획은 실행을 위한 명확한 지침을 제공한다.

5. **계획의 유연성 유지하기** : 계획은 너무 엄격하지 않고 일정한 유연성을 가지고 있어야 한다. 예기치 않은 일이 생겨 운동을 못 할 경우, 그 다음 날 또는 다른 시간에 할 수 있도록 조정하는 것이 필요하다.

마지막 장애물은 자기 의심과 부정적인 자기 대화일 수 있다. 이런 장애물은 특히 목표를 향해 나아가려 할 때 자신감 부족이나 두려움의 형태로 나타난다. 사람들은 "나는 할 수 없다", "나는 충분히 좋지 않다" 또는 "이전에 실패했으니 이번에도 실패할 것이다"와 같은 생각에 사로잡힌다. 이러한 부정적인 자기 대화는 개인의 행동을 제한하고 목표 달성을 가로막는 중대한 장애가 된다.

D씨가 새로운 사업을 시작하고 싶어 하지만 "나는 사업에 실패할지도 모른다"는 생각에 계속 망설인다고 해보자. 이 경우, 코치는 D씨가 자신의 두려움을 인정하고, 그 원인을 이해하며, 자

기 의심을 극복할 방법을 찾도록 돕는다. 코치는 D씨에게 다음과 같은 방법으로 도움을 줄 수 있다.

1. **부정적인 생각을 포착하고 대체하기** : D씨가 부정적인 생각을 인식할 때마다 그것을 긍정적이거나 현실적인 생각으로 바꾸도록 격려한다. 예를 들어, "나는 사업에 실패할지도 모른다"는 생각을 "나는 성공할 수 있는 모든 준비를 하고 있다"로 바꾼다.

2. **성공 경험 회상하기** : D씨가 과거에 성공했던 순간을 회상하도록 도와, 자신감을 불러일으키고 긍정적인 자기 인식을 강화한다.

3. **작은 성공 축하하기** : 사업 준비 과정에서 작은 성공을 기록하고 이를 축하함으로써, D씨의 자기 효능감을 높이고 부정적인 생각을 덜어낸다.

4. **실패를 학습 기회로 바라보기** : 실패가 끝이 아닌 새로운 시작점이 될 수 있음을 이해하도록 하고, 실패에서 배울 점을 찾아 적용할 기회로 삼는다.

5. **실제 가능성 평가하기** : 자기 의심이 현실적인 근거를 갖고 있는지, 아니면 과도한 걱정에서 비롯된 것인지 평가하도록 한다. 이를 통해 D씨는 자신의 우려가 현실에 기반한 것인지

아니면 불필요한 두려움인지를 구분할 수 있다.

코칭 과정에서 장애물을 극복하는 것은 쉽지 않지만, 이는 개인이 자신의 목표에 더 가까이 다가가고, 자신의 삶에서 의미 있는 변화를 만들어내는 데 필수적인 단계이다. 코치와의 협력을 통해, 클라이언트는 이러한 장애물을 극복하고, 자신의 잠재력을 최대한 발휘할 수 있게 된다.

12
코칭이 가져올 변화와 전망

코칭은 개인과 조직에게 큰 변화를 가져다주는 역할을 한다. 그 첫 번째 변화는 '자기인식의 향상'이다. 이 과정에서 코치는 개인에게 자신의 강점, 약점, 가치관, 목표 등에 대해 깊이 이해할 수 있는 질문을 제시한다. 이런 질문들은 "당신이 가장 자신있는 능력은 무엇인가요?", "어떤 상황에서 가장 힘들게 느껴지나요?", "당신의 핵심 가치는 무엇이며, 어떤 행동을 통해 그것이 드러나나요?" 등이 될 수 있다.

이런 질문들을 통해 개인은 자신에 대한 이해도를 높이게 된다. 자신이 어떤 일을 잘하고, 어떤 일을 힘들게 느끼는지, 자신이 추구하는 가치가 무엇인지 등에 대해 명확하게 인식하게 된다. 또한, 자신이 원하는 것이 무엇인지, 무엇을 위해 노력하고 있는지 등에 대해서도 명확하게 인식하게 된다.

이렇게 자기 인식이 향상되면, 개인은 자신에게 맞는 선택을 할 수 있게 된다. 자신의 강점을 활용할 수 있는 직업을 선택하거나, 자신의 가치관에 부합하는 결정을 내릴 수 있다. 또한, 자신이 원하는 목표를 달성하기 위해 필요한 행동 계획을 수립하고 실행할 수 있다.

이런 자기 인식의 향상은 개인의 성장과 발전에 큰 도움이 된다. 자신을 잘 이해하고 있는 개인은 자신의 행동을 더 잘 조절할 수 있고, 자신이 원하는 방향으로 더 효과적으로 나아갈 수 있다. 따라서 코칭을 통한 '자기인식의 향상'은 개인이 자신의 삶을 더욱 적극적이고 효과적으로 주도하는 데 중요한 역할을 한다.

두 번째 변화는 '의사소통 능력의 개선'이다. 코칭 과정에서 코치는 개인이나 팀이 자신들의 생각과 감정을 효과적으로 전달하는 방법을 가르친다. 이러한 과정은 개인 또는 팀이 자신들의 아이디어, 의견, 감정 등을 명확하고 구체적인 언어로 표현할 수 있게 돕는 것이다. "이 문제에 대해 어떻게 생각하나요?", "이 상황을 어떻게 해결하고 싶으신가요?" 등의 질문을 통해 개인 또는 팀이 자신들의 생각을 구체적으로 표현하게 한다.

또한, 코치는 개인이나 팀에게 상대방의 의견을 존중하고 이해하는 방법을 가르친다. 이는 적극적인 청취, 상대방의 입장에서 이해하려 노력하기, 비판적인 피드백보다는 건설적인 피드백을 제공하기 등의 방법이 포함된다. 이러한 방법들을 통해 개인이나 팀은 상대방의 의견을 더 잘 이해하고 존중하게 되며, 이는 곧 효과적인 의사소통에 기여한다.

이런 과정을 통해 개인이나 팀의 의사소통 능력이 향상된다. 이는 팀 내에서의 협업을 원활하게 하고, 팀의 성과를 향상시키는 데 크게 기여한다. 예를 들어, 팀원 간의 의사소통이 원활하면 서로의 작업을 더 잘 이해하고, 각자의 역할을 더 효과적으로 수행할 수 있다. 또한, 갈등이 발생했을 때도 상호 이해와 존중을 바탕으로 문제를 해결할 수 있게 된다.

세 번째 변화는 '리더십의 개발'이다. 코칭 과정에서 코치는 개인에게 자신만의 리더십 스타일을 발견하고 그 스타일에 따른 리더십 능력을 개발하도록 돕는다. 이는 개인의 가치, 성향, 지식, 경험 등을 바탕으로 자신만의 독특한 리더십 스타일을 찾아내는 과정을 포함한다. 이를 통해 개인은 자신이 리더로서 어떠한 방식으로 행동해야 하는지, 어떠한 가치와 원칙을 따라야 하는지를 이해하게 된다.

코치는 또한 개인에게 다양한 리더십 이론과 모델을 소개하고, 그 중에서 자신에게 가장 잘 맞는 모델을 선택하도록 돕는다. 여기에는 변혁적 리더십, 거래적 리더십, 서번트 리더십 등 여러 가지 모델이 포함될 수 있다. 이러한 모델들은 각각 다른 상황과 목표에 따라 효과적일 수 있으며, 개인은 이 중에서 자신의 상황과 목표에 가장 잘 부합하는 모델을 선택하게 된다.

이런 과정을 통해 개인은 자신의 팀이나 조직을 효과적으로 이끌 수 있는 리더십 능력을 개발하게 된다. 이는 리더로서의 역할과 책임을 이해하고, 팀원들과 잘 소통하며, 팀의 목표와 비전을 공유하고, 팀원들의 성장과 발전을 돕는 등의 능력을 포함한다.

마지막으로, 코칭은 '조직 문화의 변화'를 가져온다. 코칭은 개인뿐만 아니라 조직 전체에도 영향을 미친다. 코칭을 통해 조직 내에서는 자기개발과 지속적인 학습, 피드백 수용 등의 문화가 확산되게 된다. 이는 개인들이 자신의 역량을 지속적으로 개발하고, 새로운 지식과 기술을 습득하는 것을 장려하는 문화를 의미한다. 또한, 피드백 수용 문화는 개인들이 서로에게 건설적인 피드백을 주고받으며, 이를 통해 계속해서 성장하고 발전할 수 있도록 돕는다.

이러한 문화의 확산은 조직의 변화 관리 능력을 강화한다. 즉,

조직과 그 멤버들은 변화에 더욱 유연하게 대응할 수 있게 된다. 이는 새로운 기회를 적극적으로 탐색하고, 변화하는 환경에 적응하며, 필요한 변화를 주도하는 능력을 의미한다.

또한, 조직의 성장과 발전을 촉진한다. 조직 멤버들이 계속해서 성장하고 발전하면, 이는 결국 조직의 성능 향상과 목표 달성에 기여한다. 예를 들어, 멤버들이 새로운 지식과 기술을 습득하면, 이는 조직의 업무 처리 능력을 향상시키고, 더 나은 결정을 내리는 데 도움이 된다.

이렇게 코칭은 개인과 조직에게 많은 변화를 가져다주며, 그 변화는 개인과 조직의 성장과 발전을 가능하게 한다. 그리고 이러한 코칭의 효과가 널리 인정되면서, 미래에는 더 많은 개인과 조직이 코칭을 활용하게 될 것으로 예상된다.

PART 2

조직이 변해야 살아남을 수 있다

01
조직이 변화하지 않는다면, 생존이 가능할까요?

백팀장 : 김대리, 요즘 변화에 대해 어떻게 생각하니?

김대리 : 변화요? 어렵게 생각할 필요 없이 그냥 일상적인 것 아
닌가요? 근데 왜 갑자기 그런 질문을…

백팀장 : 그렇다면 우리 회사가 변화하지 않고 그대로 유지되어
도 생존할 수 있을까?

김대리 : 그건… 모르겠네요.

백팀장 : 지금의 시대는 4차 산업혁명이라고 말하잖아. 즉, 기술
과 정보가 빠르게 발전하는 시대야. 우리 회사가 변화
하지 않고 그대로 유지된다면, 시장에서 경쟁력을 잃게
될 거야.

김대리 : 그럼 회사가 어떻게 변화해야 하는데요?

백팀장 : 우선, 기술적인 변화가 필요해. 새로운 기술을 적극적으로 도입하고, 그 기술을 활용하는 방법을 배워야 해. 그리고 이런 변화를 주도하는 것은 우리 팀원들이야. 또한, 조직 문화도 함께 변화해야 해. 서로 소통하고 협력하는 문화를 만들어 나가는 거지.

김대리 : 그런 변화가 쉽게 이루어질 수 있을까요?

백팀장 : 쉽진 않을 거야. 하지만 변화를 받아들이는 것은 생존의 필수 조건이야. 그래서 우리 모두가 변화를 주도하고, 변화에 적응하는 데 필요한 노력을 기울여야 해.

김대리 : 그렇군요. 생각해보니 변화 없이는 회사가 성장하거나 발전할 수 없겠네요. 다음부터는 변화를 두려워하지 않고, 적극적으로 참여해야겠어요.

백팀장 : 바로 그거야. 김대리. 변화는 어렵지만, 그것을 통해 우리는 더 큰 성장을 이룰 수 있어. 함께 이 변화를 주도해 나가자.

우리는 모두 "조직이 변화하지 않는다면, 생존이 가능한가?"라는 질문에 대해 고민해봤을 것이다. 그러나 답은 분명하다. 변화 없이는 생존이 어렵다. 그렇다면 우리는 어떻게 변화를 이끌어낼 수 있을까?

첫 번째로, 기술적인 변화를 주도해야 한다. 우리가 살고 있는 이 시대는 4차 산업혁명이라 불리는 고도의 정보화 시대다. 인공지능, 빅데이터, 클라우드 컴퓨팅 등 새로운 기술이 우리의 일상과 업무에 크게 영향을 미치고 있다. 따라서 이러한 기술 변화에 뒤처지지 않고, 오히려 이를 주도하기 위해서는 적극적으로 새로운 기술을 학습하고 도입하는 것이 필수적이다. 이를 위해 우리는 꾸준한 교육과 훈련을 통해 자신의 역량을 향상시켜야 한다.

두 번째로, 조직 문화의 변화를 이끌어내야 한다. 기술적인 변화만큼이나 중요한 것이 바로 우리의 마인드셋, 즉 생각하는 방식과 태도의 변화다. 우리는 변화를 두려워하지 않고, 오히려 적극적으로 변화를 받아들이는 문화를 만들어야 한다. 이를 위해 열린 커뮤니케이션과 공유의 문화를 실천하고, 다양한 의견과 아이디어를 존중해야 한다. 또한, 실패를 두려워하지 않고 새로운 도전을 시도하는 것을 장려하는 문화도 만들어야 한다.

결국, 변화는 어려울 수 있지만, 그것을 통해 우리는 더 큰 성장을 이룰 수 있다. 변화를 받아들이고 이를 주도하는 것은 우리 모두의 책임이다. 함께 변화를 만들어 가며, 우리 조직이 지속적으로 성장하고 발전할 수 있도록 노력하여야 한다.

02
상사와 부하 사이의 소통이 원활하지 않는다면, 어떤 문제가 발생할까요?

백팀장 : 김사원, 요즘 어떻게 지내고 있니?

김사원 : 그냥 평소와 같이 업무를 처리하고 있습니다.

백팀장 : 그렇군. 김사원과 나 사이에 어떤 문제가 있을 때 얼마나 빨리 그 문제를 인식하고 해결할 수 있을까?

김사원 : 그건… 잘 모르겠습니다.

백팀장 : 그렇다면, 우리 사이의 소통이 원활하지 않다면 어떤 문제가 발생할까?

김사원 : 아마도 업무 처리에 있어서 문제가 생길 것 같습니다.

백팀장 : 맞아. 상사와 부하 사이의 소통이 원활하지 않다면, 업무 처리에 있어서 많은 문제가 발생할 수 있어. 첫째로,

업무의 효율성이 떨어질 수 있지. 소통이 원활하지 않다면, 업무 지시가 제대로 전달되지 않아서 잘못된 결과를 가져올 수 있어.

김사원 : 그럼 제가 지시를 잘못 이해하고 업무를 처리할 가능성이 있겠군요.

백팀장 : 바로 그렇지. 그리고 두 번째로, 팀의 협력도 저하될 수 있어. 우리 팀이 한 팀으로서 원활하게 동작하기 위해서는 상호간의 소통이 필수적이야. 그래서 상사와 부하 사이의 소통이 원활하지 않다면 팀 내의 협력도 저하되고, 이는 결국 팀의 성과에도 영향을 미칠 수 있어.

김사원 : 그럼 팀 전체의 성과가 떨어질 수도 있다는 거군요.

백팀장 : 맞아. 그리고 마지막으로, 부하의 직무 만족도와 동기 부여도 저하될 수 있어. 상사와의 원활한 소통을 통해 부하는 자신이 중요한 일원임을 인식하고, 업무에 대한 동기를 유지할 수 있어. 그러나 소통이 원활하지 않다면 그 반대의 결과를 가져올 수 있지.

김사원 : 그러니까 제가 업무에 대한 동기를 잃고, 작업 효율이 떨어질 수도 있다는 거군요.

백팀장 : 맞아. 그래서 상사와 부하 사이의 원활한 소통은 매우 중요하다는 것을 기억해야 해. 우리 모두가 소통을 위

해 노력하고, 이를 통해 팀의 성과를 높여나가자.

김사원 : 그렇군요. 앞으로는 소통에 더욱 신경 쓰도록 하겠습니다.

◆ ◆ ◆

우리 모두는 평소 업무를 처리하며 상사와 부하 사이의 소통의 어려움을 경험한 적이 있을 것이다. 그런데 이런 소통의 어려움이 지속된다면, 어떤 문제가 발생할까?

먼저, 업무 처리에 있어서 잘못된 결과를 가져올 수 있다. 상사의 지시가 제대로 전달되지 않으면 부하는 그 지시를 잘못 이해하고 업무를 처리할 가능성이 높아진다. 이는 업무의 효율성을 떨어뜨리고, 결국 조직 전체의 성과에도 영향을 미친다.

그리고 이어서, 팀의 협력이 저하될 수 있다. 상사와 부하 사이의 원활한 소통은 팀 내 협력을 촉진한다. 그러나 소통이 원활하지 않다면 팀 내 협력도 저하되며, 이는 팀의 성과에도 부정적인 영향을 미친다.

또한, 부하의 직무 만족도와 동기 부여도 저하될 수 있다. 상사와의 원활한 소통은 부하가 자신이 중요한 일원임을 인식하게 하고, 업무에 대한 동기를 유지하게 한다. 그러나 소통이 원활하지 않으면 부하는 업무에 대한 동기를 잃고, 작업 효율이 떨어질 수 있다.

그럼, 이러한 문제들을 해결하기 위해 어떻게 해야 할까? 소통은 단순히 말하는 것만을 의미하는 것이 아니다. 양방향의 과정이며, 상대방의 말을 경청하고 이해하는 것이 중요하다. 또한, 소통은 정직과 신뢰 위에 세워져야 한다. 서로에게 솔직하게 의견을 전달하고, 그 의견을 존중하며 신뢰하는 문화를 만들어 나가야 한다.

이러한 원활한 소통을 위해 노력하면, 우리는 업무의 효율성을 높이고, 팀의 협력을 강화하며, 부하의 직무 만족도와 동기 부여를 증진할 수 있다.

03
협업부서와의 갈등을 어떻게 해결하면서
원하는 것을 얻을 수 있을까요?

백팀장 : 김사원, 혹시 최근 협업 부서와의 업무 진행에 어려운
거 없어?

김사원 : 사실 협업 부서와의 갈등이 있어서 원활하게 진행되지
않고 있어요.

백팀장 : 그렇군. 그런데, 우리가 원하는 결과를 얻을 수 있는 방
향으로 갈등을 해결할 방법은 없을까?

김사원 : 그게… 잘 모르겠어요.

백팀장 : 그럼 이렇게 생각해보자. 갈등 자체는 반드시 부정적인
것만은 아니야. 오히려 다양한 의견을 듣고 이해하는
데 도움이 될 수 있어. 새로운 아이디어나 변화의 계기

가 될 수도 있으니까.

김사원 : 그러니까 갈등도 긍정적으로 바라보는 것이 중요하다는 거군요.

백팀장 : 맞아. 그리고, 협업 부서와의 소통이 더욱 중요해. 서로의 의견을 명확하게 이해하려면 원활한 소통이 필요하거든. 주기적으로 회의를 가지거나, 개별적으로 소통하는 시간을 가져보는 것도 좋은 방법이야.

김사원 : 그럼 서로의 의견을 잘 이해하고 소통하는 것이 중요하다는 거군요.

백팀장 : 그렇지. 그리고 협상 기술도 중요해. 갈등 상황에서는 상대방의 입장을 이해하고 공감하는 것이 중요하다는 거지. 상대방의 입장에서도 생각해보고, 합의점을 찾아나가는 거야.

김사원 : 그럼 상대방의 입장을 이해하고 합의점을 찾는 것이 중요하다는 거군요.

백팀장 : 맞아. 그리고 마지막으로 가장 중요한 건 문제 해결에 집중하는 거야. 갈등의 원인을 파악하고, 그 원인을 해결하는 데 집중해야 해. 그러기 위해선 문제 해결 전략을 세우고, 그 전략을 실행하며, 결과를 평가하는 과정이 필요하지.

김사원 : 그러니까 문제 해결에 집중하고, 그 과정을 체계적으로
　　　　　　관리해야 한다는 거군요.

백팀장 : 맞아. 갈등을 긍정적으로 바라보고, 소통을 강화하고,
　　　　　　협상 기술을 키우며, 문제 해결에 집중한다면, 우리는
　　　　　　갈등을 해결하면서 원하는 결과를 얻을 수 있을 거야.
　　　　　　함께 이런 방향으로 노력해보자.

김사원 : 네, 그렇게 해보겠습니다. 감사합니다.

　먼저, 갈등 자체를 부정적인 것으로 보지 말고, 다양한 의견을
듣고 이해하는 기회로 생각하는 것이 중요하다. 갈등은 때로는
새로운 아이디어를 도출하는 계기가 될 수 있다.

　그리고, 협업 부서와의 소통을 더욱 강화해야 한다. 서로의 입
장과 의견을 명확하게 이해하기 위해서는 원활한 소통이 반드시
필요하다. 이를 위해 주기적인 회의나 개별적인 커뮤니케이션을
통해 서로의 의견을 나누는 시간을 갖는 것이 좋다.

　다음으로, 협상 기술을 키워야 한다. 갈등 상황에서는 협상이
불가피한데, 이때 상대방의 입장을 이해하고 공감하는 것이 중요
하다. 이를 통해 상대방의 입장에서 접근하고, 합의점을 찾아나

가는 것이다.

마지막으로, 문제 해결에 집중하는 것이다. 갈등의 원인이 무엇인지 파악하고, 그 원인을 해결하는 데 집중해야 한다. 이를 위해 문제 해결 전략을 세우고, 실행하고, 결과를 평가하는 과정이 필요하다.

이렇게 갈등을 긍정적으로 바라보고, 소통을 강화하고, 협상 기술을 키우고, 문제 해결에 집중한다면, 여러분은 갈등을 해결하면서 원하는 결과를 얻을 수 있을 것이다.

04
조직 구조가 불분명하다면,
어떤 지식과 기술을 배워야 할까요?

김사원 : 백팀장님, 제가 누구에게 보고를 해야 하는지, 누구의
승인을 받아야 하는지 등이 헷갈리네요. 이런 상황에
서 어떤 걸 배워야 할까요?

백팀장 : 그런 혼란이 생기는 건 우리 팀의 조직 구조가 명확하
지 않아서 그럴 수 있어. 먼저, 팀의 역할, 책임, 보고 체
계 등에 대해 알아야 해.

김사원 : 아하, 그럼 팀에서 누가 어떤 역할과 책임을 가지고 있는
지, 어떤 결정을 내려야 하는지 등이 명확해지겠네요.

백팀장 : 그렇지. 그리고 그런 지식을 바탕으로 기술을 배워야
해. 예를 들어, 상황에 맞게 정보를 전달하는 커뮤니케

이션 기술이 필요하겠지.

김사원 : 커뮤니케이션 기술을 향상시키려면 어떻게 해야 할까요?

백팀장 : 먼저, 상대방의 입장에서 생각하는 걸 배워야 해. 그리고 정보를 명확하고 간결하게 전달하는 방법을 익히는 것도 중요하고, 피드백을 잘 주고 받는 방법도 알아야 하고.

김사원 : 그러니까, 조직 구조가 불분명할 때는 그런 지식과 기술을 배우는 게 중요하다는 거군요.

백팀장 : 맞아. 그리고 팀원 모두가 조직 구조에 대해 이해하고, 이를 바탕으로 역할과 책임을 명확히 하는 것도 중요해. 이렇게 하면 우리 팀의 효율성이 높아지고, 업무 처리 과정에서 생길 수 있는 혼란을 줄일 수 있을 거야.

누구에게 보고해야 하고, 누구의 승인을 받아야 하는지 등이 헷갈릴 때, 이는 대개 조직 내에서 역할과 책임, 그리고 보고 체계가 명확하지 않기 때문이다. 이런 상황에서 우리가 배워야 할 첫 번째 것은, 바로 조직 구조에 대한 이해다. 팀 내에서 누가 어떤 역할과 책임을 지니는지, 누가 어떤 결정을 내려야 하는지 등에 대한 명확한 이해가 필요하다.

그리고 이러한 이해를 바탕으로, 우리는 효과적인 커뮤니케이션 기술을 배워야 한다. 어떤 정보를 언제, 어떻게 전달해야 하는지를 알아야 한다. 이는 상대방의 입장에서 생각하고, 정보를 명확하고 간결하게 전달하는 방법을 익히는 것을 포함한다. 또한, 피드백을 잘 주고 받는 방법도 중요하다.

조직 구조의 불분명성은 팀의 효율성을 저해하고, 업무 처리 과정에서 혼란을 초래할 수 있다. 따라서, 모든 팀원이 조직 구조를 이해하고, 이를 바탕으로 자신의 역할과 책임을 명확히 하는 것이 중요하다. 이는 조직의 효율성을 높이고, 업무 처리 과정에서 발생할 수 있는 혼란을 줄이는 데 큰 도움이 된다.

여러분이 이러한 지식과 기술을 갖추면, 조직 구조가 불분명한 상황에서도 효과적으로 업무를 수행할 수 있다.

05
변화가 어렵다면,
어떤 방법을 사용해야 할까요?

김사원 : 팀장님, 제가 새로운 업무 방식에 적응하는 게 어려워
　　　　　요. 변화가 어렵다면, 어떻게 해야 할까요?

백팀장 : 변화는 항상 어려운 거야. 먼저, 변화에 대한 두려움을
　　　　　인정하고 받아들이는 것이 중요해. 모든 사람들이 변화
　　　　　에 대해 어느 정도의 두려움을 가지고 있어.

김사원 : 그럼 변화에 대한 두려움을 어떻게 극복해야 하나요?

백팀장 : 두려움을 극복하는 가장 좋은 방법은 정보를 얻는 것이
　　　　　야. 무엇이 변화하고, 왜 그런 변화가 필요한지를 이해
　　　　　하는 것이 중요해. 그리고 이 변화가 어떻게 나에게 영
　　　　　향을 미칠지, 이를 어떻게 관리해야 할지에 대해 생각

해 보는 것도 좋은 방법이야.

김사원 : 그럼 변화에 적응하기 위해 어떤 기술을 배워야 할까
요?

백팀장 : 변화를 받아들이고 적응하는 데는 유연성이 중요해. 새
로운 상황에 대해 열린 마음을 가지고, 새로운 방식을
시도해 보는 태도가 필요해. 또한, 스스로를 계속해서
발전시키려는 자세도 중요해. 이것이 '학습하는 태도'라
고 할 수 있겠네.

김사원 : 그렇군요, 변화가 어려울 때는 두려움을 인정하고, 정보
를 얻어 이해하고, 유연성과 학습 태도를 가지는 것이
중요하다는 거군요.

백팀장 : 맞아. 그리고 변화에 적응하는 과정에서는 서로를 돕고
지지하는 문화도 중요해. 변화는 개개인뿐만 아니라 팀
전체에도 영향을 미치니깐.

◆ ◆ ◆

변화는 대부분의 사람들에게 어려운 것이다. 그 이유는 변화
에 대한 두려움 때문이다. 따라서 변화에 대한 두려움을 인정하
고 받아들이는 것이 첫 번째 단계다. 이는 모든 사람이 변화에 대

해 어느 정도의 두려움을 가지고 있기 때문에, 이를 인정하고 받아들이는 것이 중요하다는 것을 명심해야 한다.

두려움을 극복하는 가장 좋은 방법은 정보를 얻는 것이다. 변화의 이유와 그 내용, 그리고 그 변화가 개인과 조직에 미치는 영향에 대해 이해하는 것이 중요하다. 그것이 어떻게 나에게 영향을 미칠지, 그리고 이를 어떻게 관리해야 할지에 대해 생각해 보는 것도 필요하다는 것을 기억하라.

변화를 받아들이고 적응하는 데는 유연성이 필요하다. 새로운 상황에 대해 열린 마음을 가지고, 새로운 방식을 시도해 보는 태도가 중요하다는 것을 명심해야 한다. 또한, 스스로를 계속해서 발전시키려는 자세도 중요하다. 이것이 바로 '학습하는 태도'인데, 이는 변화에 적응하는 데 큰 역할을 한다.

마지막으로, 변화에 적응하는 과정에서는 서로를 돕고 지지하는 문화가 중요하다. 모든 변화는 개개인뿐만 아니라 팀 전체에도 영향을 미친다.

06
이직률이 높다면, 어떤 부분이 직원들의 만족도를 떨어뜨리는 것일까요?

김사원 : 팀장님, 우리 회사의 이직률이 높다고 들었어요. 그럼 어떤 부분이 직원들의 만족도를 떨어뜨리는 걸까요?

백팀장 : 그 질문에 대한 답은 복잡해. 여러 가지 요인이 함께 작용하기 때문이지. 먼저, 대두되는 가장 큰 문제는 대개 보수와 복지 문제야. 직원들이 받는 급여가 주변 회사들에 비해 낮거나, 복지 혜택이 적다면 이직률이 높아질 수 있어.

김사원 : 그럼 단순히 급여를 올리거나 복지 혜택을 늘리면 되는 건가요?

백팀장 : 그것도 중요한 방법이지만, 모든 것을 해결하는 완벽한

해답은 아니야. 또 하나의 큰 문제는 업무의 만족도와 개인의 성장 가능성이야. 업무가 지루하거나, 개인의 능력을 제대로 발휘할 수 없다고 느낀다면, 직원들은 새로운 기회를 찾아 이직을 고려할 수 있어.

김사원 : 그러면, 업무 만족도를 높이려면 어떻게 해야 할까요?

백팀장 : 먼저, 업무의 다양성과 도전성을 높이는 것이 중요해. 하나의 업무에만 매몰되는 것이 아니라, 다양한 업무를 경험하게 함으로써 개인의 역량을 향상시키고 동기를 부여하는 것이 중요하지. 또한, 팀원들의 의견을 적극적으로 듣고 이를 업무에 반영하는 것도 중요해. 이렇게 되면, 직원들은 자신의 의견이 중요하다고 느끼고, 업무에 더욱 투자하게 될 거야.

김사원 : 성장 가능성에 대해선 어떻게 해야 할까요?

백팀장 : 성장 가능성은 개인의 역량을 향상시키고, 직무에 대한 만족도와 연봉 상승 등에 직접적인 영향을 미치기 때문에 교육 및 훈련 기회를 제공하고, 성과를 인정하고 보상하는 것이 중요해. 직원들에게 커리어 성장 경로를 제시하고, 그 경로를 따라가는 데 필요한 지원을 제공하는 것도 중요해.

김사원 : 그렇군요, 직원들의 만족도를 높이려면 보수와 복지, 업

무 만족도, 그리고 성장 가능성이 중요하다는 거군요.

백팀장 : 맞아. 이 모든 요소들이 조화롭게 작용할 때 직원들의 만족도는 향상되고, 이직률은 낮아지게 되는 거지. 단순히 한 가지 요소만 개선하는 것이 아니라, 이러한 여러 가지 요소들을 함께 고려해야 한다는 것을 명심해야 해.

이직률이 높은 가장 큰 원인 중 하나는 보수와 복지에 대한 불만일 수 있다. 그래서 이를 해결하기 위해서는 보수와 복지 혜택을 개선하는 것이 필요하다. 물론, 이것이 모든 문제를 해결하는 것은 아니지만 직원들의 만족도를 높이는 데에 중요한 역할을 한다.

또 다른 원인은 업무의 만족도와 직원들의 성장 가능성이다. 업무가 지루하거나, 직원들이 능력을 제대로 발휘할 수 없다고 느낄 경우, 새로운 기회를 찾아 이직을 고려하게 된다. 이를 해결하기 위해서는 업무의 다양성을 높이고, 직원들의 의견을 적극적으로 반영하는 것이 중요하다. 또한, 교육과 훈련 기회를 제공하여 직원들의 성장 가능성을 높여주는 것도 중요하다.

그리고 직원들 간의 상호 지지와 도움이 중요하다. 우리 모두가 팀이기 때문에, 서로를 돕고 지지하는 문화를 만들어 나가는 것이 중요하다.

이렇게 보수와 복지, 업무 만족도, 성장 가능성, 그리고 팀워크 이 4가지 요소를 함께 고려하면, 우리 회사의 이직률을 줄이고 직원들의 만족도를 높일 수 있다.

07
관리팀은 왜 현장의 상황을
이해하지 못하는 것일까요?

김사원 : 팀장님, 왜 관리팀은 현장의 상황을 이해하지 못하는
걸까요?

백팀장 : 중요한 질문이야. 먼저, 관리팀과 현장팀 간의 소통 부족
이 가장 큰 원인 중 하나야. 관리팀은 주로 회사의 전반
적인 관리와 운영에 집중하다 보니, 현장의 구체적인 상
황에 대한 이해가 부족할 수 있어.

김사원 : 그럼 소통을 늘리면 되는 건가요?

백팀장 : 그것도 중요하지만, 모든 것을 해결하는 완벽한 해답은
아니야. 또 하나의 문제는 관리팀과 현장팀 간의 역할
과 책임의 차이로 볼 수 있어. 관리팀은 전략적인 결정

을 내리는 반면, 현장팀은 그 결정을 실행하는 역할을 맡는 거야. 이런 역할의 차이로 인해 서로의 입장과 이해가 달라질 수 있어.

김사원 : 그럼 어떻게 해야 서로의 입장을 이해할 수 있을까요?

백팀장 : 먼저, 서로의 역할과 책임에 대한 이해가 필요해. 관리팀은 현장팀의 업무를 이해하고, 현장팀은 관리팀의 결정 배경을 이해하는 것이 중요하지. 또한, 서로의 의견을 존중하고, 다양한 의사소통 채널을 통해 소통하는 것이 중요해.

김사원 : 그럼 관리팀이 현장의 상황을 더 잘 이해하려면 어떻게 해야 할까요?

백팀장 : 관리팀이 현장의 상황을 더 잘 이해하려면, 현장 방문이나 현장팀과의 정기적인 회의 등을 통해 현장의 상황을 직접 경험하고 이해하는 것이 중요해. 이를 통해 현장의 문제점을 파악하고, 이를 개선하는 방향으로 관리 전략을 수립할 수 있어.

김사원 : 그러니까, 서로의 역할을 이해하고, 소통하며, 현장의 상황을 직접 경험하는 것이 중요하다는 거군요.

백팀장 : 맞아. 이 모든 요소들이 조화롭게 작용할 때 관리팀은 현장의 상황을 더 잘 이해하고, 효과적인 관리 전략을

수립할 수 있어. 단순히 한 가지 요소만 개선하는 것이 아니라, 이러한 여러 가지 요소들을 함께 고려해야 한다는 것을 명심해야 해.

◆ ◆ ◆

관리팀이 현장의 상황을 이해하지 못하는 가장 큰 원인 중 하나는 소통의 부재다. 관리팀은 회사의 전반적인 관리와 운영에 집중하다 보니, 현장의 구체적인 상황에 대한 이해가 부족하기 때문이다. 그래서 이를 해결하기 위해서는 관리팀과 현장팀 간의 효과적인 소통이 필요하다. 이는 정기적인 회의나 현장 방문을 통해 이루어질 수 있다.

또 다른 문제는 관리팀과 현장팀 간의 역할과 책임의 차이다. 관리팀은 전략적인 결정을 내리는 반면, 현장팀은 그 결정을 실행하는 역할을 맡는다. 이런 역할의 차이 때문에 서로의 입장과 이해가 달라질 수 있다. 그래서 이를 해결하기 위해서는 서로의 역할과 책임에 대한 이해가 필요하다. 관리팀은 현장팀의 업무를 이해하고, 현장팀은 관리팀의 결정 배경을 이해하는 것이 중요하다.

이 두 가지 문제를 해결하려면, 서로의 의견을 존중하고 다양한 의사소통 채널을 통해 소통하는 것이 중요하다. 또한, 관리팀이 현장의 상황을 직접 경험하고 이해하는 것이 중요하다. 이를 통해 현장의 문제점을 파악하고, 이를 개선하는 방향으로 관리 전략을 수립할 수 있다.

이렇게 소통, 역할과 책임의 이해, 그리고 현장 경험 이 3가지 요소를 함께 고려하면, 관리팀은 현장의 상황을 더 잘 이해하고, 효과적인 관리 전략을 수립할 수 있다.

08
새로운 스킬을 배우는 것이
왜 두렵게 느껴지는 것일까요?

백팀장 : 김사원, 요즘 새로운 스킬을 배우는 것에 대해 어떻게 생각하나?

김사원 : 사실 좀 두렵더라고요. 새로운 것을 배운다는 건 많은 시간과 노력이 필요하니까요.

백팀장 : 그렇군, 그런 두려움이 있다는 걸 이해해. 사실 많은 사람들이 새로운 스킬을 배우는 것에 대한 두려움을 느끼거든. 그 이유 중 하나는 '불확실성' 때문이야. 새로운 스킬을 배우는 것은 알 수 없는 미지의 영역을 탐험하는 것과 같아. 결과가 어떻게 될지, 얼마나 시간이 걸릴지, 노력에 비해 충분한 보상을 얻을 수 있을지 등이 불

확실하니까 두렵게 느껴지는 거야.

김사원 : 그렇군요, 그럼 어떻게 그 두려움을 극복할 수 있을까요?

백팀장 : 두려움을 극복하는 방법 중 하나는 '작은 단계'로 나눠서 시작하는 것이야. 새로운 스킬을 한 번에 완벽하게 익히려고 하면 부담스럽고 두렵게 느껴질 수 있어. 대신에 조금씩, 단계별로 스킬을 익혀나가면 좀 더 쉽게 접근할 수 있어.

김사원 : 그럼 작은 단계로 나눠서 시작하는 것이 중요하군요.

백팀장 : 맞아. 그리고 두 번째로는 '실패를 두려워하지 않는 것'이야. 새로운 스킬을 배우는 과정에서는 실패가 반드시 따르는 법이야. 실패를 피하려고 하지 말고, 오히려 실패를 통해 배우는 방법을 찾도록 해. 실패는 성장의 일부분이고, 우리가 더 나아지는 방향으로 나아가는 데 도움을 주거든.

김사원 : 실패를 두려워하지 않는 것, 그것도 중요하겠군요.

백팀장 : 그렇지. 마지막으로는 '자신을 믿는 것'이 중요해. 자신이 새로운 스킬을 배울 수 있고, 그 과정에서 발생하는 어려움을 극복할 수 있다는 믿음이 있어야 해. 그 믿음이 있으면 두려움을 이겨내고 계속해서 도전할 수 있게 돼.

김사원 : 자신을 믿는 것, 그것도 잊지 않겠습니다. 감사합니다,
백팀장님!

◈ ◈ ◈

방금 우리가 함께 들어본 백팀장과 김사원의 대화를 바탕으로 새로운 스킬을 배우는 데 대한 두려움과 그것을 극복하는 방법에 대해 이야기해보겠다.

먼저 대화에서 제시된 해결책 중 하나는 '작은 단계로 시작한다'인데, 이는 매우 중요한 전략이다. 우리는 모든 것을 한 번에 처리하려는 경향이 있지만, 이렇게 하면 부담스럽고 어렵게 느껴질 수 있다. 반면에 큰 목표를 작은 단계로 나누면 각 단계를 하나씩 완료하면서 전체 목표를 향해 점진적으로 나아갈 수 있다.

또 다른 해결책은 '실패를 두려워하지 않는다'는 것인데, 이는 새로운 스킬을 배우는 과정의 일부라고 볼 수 있다. 실패를 두려워하기보다는, 실패를 통해 배울 수 있는 것이 많다는 것을 인지하는 것이 중요하다. 실패는 우리에게 어떤 것이 잘못되었는지, 다음에는 어떻게 개선할 수 있는지를 알려주는 좋은 기회다.

그리고 마지막으로 '자신을 믿는다'는 것이다. 이것은 자신에게 가장 중요한 것이며, 자신이 새로운 스킬을 배울 수 있으며, 필요

한 노력을 기울일 수 있다는 믿음이 있어야 한다.

이러한 해결책들을 바탕으로 우리가 나아갈 수 있는 방향에 대해 생각해볼까? 첫째, '목표 설정'이 있다. 새로운 스킬을 배우려면 그것을 위한 명확하고 구체적인 목표가 필요하다는 것을 기억해야 한다. 둘째, '학습 자원 활용'이 중요하다. 다양한 학습 자원을 활용하면 학습 과정을 즐겁고 유익하게 만들 수 있다. 마지막으로, '지속적인 학습'이 필요하다. 스킬을 배우는 것은 한 번에 끝나는 것이 아니라 지속적인 과정이기 때문에, 자신의 진척을 평가하며 필요한 피드백을 통해 계속해서 개선해 나가는 것이 중요하다.

새로운 스킬을 배우는 데 두려움을 느끼는 것은 자연스러운 반응이지만, 이 두려움을 극복하고 새로운 스킬을 효과적으로 배우는 방법을 알게 되면, 이는 우리에게 큰 도움이 될 것이다.

09
일을 할수록 업무에 대한
몰입도가 점점 떨어져요

백팀장 : 김사원, 요즘 어떻게 지내고 있나?

김사원 : 팀장님, 사실 말씀드리고 싶었는데… 요즘 일을 할수록
업무에 대한 몰입도가 점점 떨어지는 것 같아요.

백팀장 : 그런가? 좀 더 자세히 얘기해봐. 어떤 상황에서 그렇게
느껴지는지 알려줄 수 있을까?

김사원 : 일을 하다 보면 어느새 시간이 훌쩍 지나가고, 해야 할
일들이 산더미처럼 쌓여있는데, 그걸 해결하려고 해도
집중이 잘 안돼요. 그럴 때마다 무기력함을 느끼고, 자
신감이 떨어지는 것 같아요.

백팀장 : 그런 상황이군. 그런데 그게 업무에 대한 몰입도가 떨어

진다는 것과 어떤 연관이 있는지 생각해봤어?

김사원 : 사실 정확히는 모르겠지만, 제 생각에는 몰입도가 떨어져서 일에 집중을 못 하니까 이런 상황이 반복되는 것 같아요.

백팀장 : 음. 몰입도가 떨어진다는 것은 사실 너무나도 자연스러운 일이야. 우리가 항상 최상의 상태를 유지할 수 있는 것은 아니니까. 하지만 그것이 장기화되면 문제가 될 수 있어. 이럴 때는 왜 몰입도가 떨어지는지 원인을 찾아보는 것이 중요해.

김사원 : 원인이라면… 사실 최근에 업무량이 많아져서 스트레스를 많이 받았어요. 그리고 일을 하면서 얻는 만족감보다 피로감이 더 크게 느껴져서 그런 것 같아요.

백팀장 : 그렇군. 업무량의 증가와 스트레스, 그리고 만족감과 피로감의 균형 문제가 복합적으로 작용하고 있는 것 같아. 이런 문제는 단기간에 해결하기 어려우니까, 우선은 당장 급한 일부터 처리하고, 장기적인 계획을 세워보자. 피로감을 줄이고 만족감을 늘리는 방법, 그리고 스트레스를 관리하는 방법 등에 대해 같이 고민해보는 것이 어떨까?

김사원 : 그게 좋을 것 같아요. 팀장님과 이런 얘기를 나누니 좀

더 나아질 수 있을 것 같은 기분이 드네요.

백팀장 : 그럼 우리 이번 주에 시간을 내서 이 문제에 대해 좀 더 깊게 이야기해보도록 하자. 그리고 김사원에게 필요한 지원이 있다면 언제든지 말해줘. 우리 함께 해결해 나가보자.

◆ ◆ ◆

위의 대화들은 문제 해결과 개인 및 팀의 성장에 관한 것이다. 업무에 대한 몰입도가 떨어진다는 문제를 단순히 문제로 받아들이지 않고, 이를 해결의 기회로 보는 접근 방식이 중요하다는 것을 알 수 있다.

이 문제를 이해하려는 첫 번째 노력은 상황을 구체적으로 설명하고, 감정과 그 원인을 파악하는 것이다. 이 과정을 통해 문제를 더 잘 이해하고, 맞춤형 해결책을 찾는 데 도움이 될 수 있다.

두 번째로 중요한 점은 문제에 대한 책임감을 가지고 자신의 역할을 인식하는 것이다. 업무량을 조절하고 스트레스를 줄이는 방법을 고민하면, 상황을 개선하는 데 필요한 행동을 취할 수 있다는 메시지를 받을 수 있다.

마지막으로, 필요한 지원이 있을 때 도움을 청하고, 서로 도와주는 문화를 조성하는 것이 중요하다. 이는 모든 문제를 혼자 해결해야 한다는 부담감을 덜어주고, 팀의 협력을 촉진한다.

이런 점들을 바탕으로 상황을 분석하고, 감정을 인식하고, 원인을 찾는 것이 중요하다. 또한, 자신의 역할을 인식하고 적절한 행동을 취하는 것, 필요한 지원이 있을 때 도움을 청하고, 서로 도와주는 문화를 조성하는 것이 중요하다.

10
왜 새로운 프로젝트를 시작하는 것이
두렵게 느껴지는 것일까요?

백팀장 : 김사원, 새로운 프로젝트를 시작하는 것이 두렵게 느껴
지는 이유에 대해 생각해본 적이 있니?

김사원 : 사실 그게 잘 모르겠어요. 그냥 새로운 것을 시작한다
는 것 자체가 두렵게 느껴져요.

백팀장 : 그럼 우리 같이 그 원인을 찾아보자. 새로운 프로젝트를
시작하는 것이 두렵다면, 그것은 대체로 미지의 것에
대한 두려움이나, 예상치 못한 문제에 대한 두려움에서
비롯되곤 해. 새로운 프로젝트를 시작하면, 그 과정에
서 예상치 못한 문제를 마주할 수 있고, 그것들을 해결
하는 데 실패할 가능성도 있어. 이런 부분이 두렵게 느

껴지는 거야?

김사원 : 아마 그런 것 같아요. 새로운 프로젝트를 시작하면서 예상치 못한 문제에 부딪힐 수도 있다는 생각에 두렵기도 하고, 그 해결과정이 힘들 것 같아서 망설여져요.

백팀장 : 그런 두려움이 들 때, 우리는 그런 부정적인 생각에 집중하기보다는 어떤 긍정적인 측면을 볼 수 있을지 생각해봐. 새로운 프로젝트를 시작하는 것은 개인적인 성장을 위한 중요한 단계야. 실패는 학습 과정의 일부이고, 그것을 통해 우리는 더 나아질 수 있어. 그리고 그 과정에서 어려움을 겪는다면, 그것은 김사원의 문제 해결 능력을 향상시키는 기회일 수 있어.

김사원 : 그런 관점에서 보니 좀 덜 두렵네요. 그런데, 새로운 프로젝트를 시작하는 것이 시간과 노력이 많이 들 것 같아서 그 부분이 걱정이에요.

백팀장 : 그 부분에 대해서 생각해보자. 물론 새로운 프로젝트를 시작하는 것은 시간과 노력을 요구하지만, 그 과정을 즐기려면 어떻게 해야 할까? 그 프로젝트가 너의 업무에 어떻게 도움이 될 수 있는지, 그리고 그것을 진행하면서 얻을 수 있는 장점은 무엇인지 생각해보는 것도 중요해. 이렇게 생각하면, 시간과 노력을 투자하는 것이

보람찬 일이 될 수 있어.

김사원 : 그런 방식으로 생각해본 적은 없었는데, 그렇게 생각하니 새로운 프로젝트를 시작하는 것이 두렵지 않고 도전적으로 느껴지네요.

백팀장 : 기억해, 우리는 새로운 도전을 통해 항상 성장할 수 있어. 도움이 필요하면 언제든 내게 말해줘. 우리는 함께 성장하고 발전하는 팀이니까.

　새로운 프로젝트를 시작하게 될 때, 우리 모두는 어느 정도의 두려움을 느낀다. 이는 매우 자연스러운 반응이며, 이러한 두려움을 인정하고 그 원인을 찾아내는 것이 중요하다는 것을 백팀장과 김사원의 대화를 통해 알 수 있다. 두려움을 극복하는 것이 아니라, 이를 받아들이고 이해함으로써 우리는 두려움을 성장의 동력으로 바꿀 수 있다.

　또한, 실패에 대한 두려움을 극복하는 것이 중요하다는 점도 이 대화에서 배울 수 있다. 실패는 어쩔 수 없이 우리의 학습 과정에 포함되어 있다. 때로는 실패를 통해 가장 중요한 교훈을 얻을 수 있기도 하다. 따라서, 실패에 집착하기보다는 그것을 통해 우리가 어떻게 성장할 수 있는지에 집중하는 것이 더욱 중요하다.

새로운 프로젝트를 시작하게 되면, 이는 당연히 시간과 노력을 필요로 한다. 하지만 이러한 투자를 통해 얻을 수 있는 학습과 성장의 기회에 초점을 맞추는 것이 중요하다는 점도 이 대화를 통해 알 수 있다. 우리가 진행하는 프로젝트가 우리에게 어떤 가치를 제공하는지 이해하고, 그 가치를 최대한 활용하는 방법을 찾는 것이 중요하다.

마지막으로, 도움을 청하는 것의 중요성을 잊지 말아야 한다. 우리는 팀으로서 함께 성장하고 발전해야 한다. 혼자서 모든 것을 해결하려는 부담감을 가지기보다는, 필요할 때 동료에게 도움을 청하는 것이 중요하다는 것을 기억해야 한다. 이러한 점들을 기억하고 일상 업무에 적용한다면, 개인적으로 뿐만 아니라 팀으로서도 성장하고 발전하는 데 큰 도움이 될 것이다.

11
업무 중에 자주 실수를 하게 되는
이유는 무엇일까요?

백팀장 : 김사원, 업무 중에 자주 실수하는 이유에 대해 얘기해
볼까? 이건 우리 모두가 공감할 수 있는 문제일걸?

김사원 : 네, 팀장님. 그럼 어떤 이유들이 있을까요?

백팀장 : 첫 번째로, 업무에 대한 이해도가 부족하면 실수를 많
이 하게 돼. 이건 업무를 배우는 초기 단계에서 특히 그
래. 업무에 대한 충분한 지식과 경험이 부족하면 실수
하는 건 어쩔 수 없는 일이야. 이럴 때는 업무 학습에
시간과 노력을 좀 더 투자해야 하지.

김사원 : 그럼 업무에 대한 학습을 어떻게 해야 할까요?

백팀장 : 우리 회사에서 제공하는 교육 프로그램을 이용하거나,

업무에 대한 참고 자료를 찾아보는 것도 좋아. 그리고 동료들에게 물어보는 것도 많은 도움이 될 수 있어. 두 번째로, 업무에 집중하지 못하면 실수를 많이 하게 돼. 이는 장시간의 업무, 과도한 스트레스, 건강 문제 등 다양한 요인에 의해 발생해. 이럴 때는 업무 환경을 개선하거나, 적절한 휴식을 취하거나, 필요하다면 전문가에게 도움을 청해야 하지.

김사원 : 업무 환경을 개선한다는 건 어떤 방법을 말하는 건가요?

백팀장 : 예를 들면, 근무 시간을 조절하거나, 책상과 의자의 위치를 조정하거나, 불필요한 소음을 줄이는 것 등이야. 업무 절차를 제대로 이해하지 못하면 실수를 많이 하게 돼. 이는 교육자료가 부족하거나, 업무 절차가 복잡하거나 불명확할 때 발생해. 이럴 때는 업무 절차를 명확히 이해하고, 필요하다면 추가적인 교육을 받아야 하는 경우도 있어.

김사원 : 업무 절차를 명확히 이해한다는 건 어떻게 해야 할까요?

백팀장 : 업무 절차에 대한 자료를 찾아보거나, 동료나 상사에게 물어보는 것도 좋아. 마지막으로, 업무에 대한 부담감이 클 때 실수를 많이 하게 돼. 이는 특히 실수에 대한 두려움이 있을 때 그래. 이럴 때는 실수를 학습의 기회

로 바라보고, 실패에 대한 두려움을 극복하는 데 집중해야 하지.

김사원 : 실패에 대한 두려움을 어떻게 극복하면 좋을까요?

백팀장 : 실수는 어쩔 수 없이 발생하는 일이야. 그래서 실수를 두려워하기보다는 그것을 통해 배우는 것에 집중하면 좋아. 이런 요인들을 이해하고 해결 방안을 찾아내면 업무 중 실수를 줄일 수 있을거야. 그리고 실수는 어쩔 수 없이 발생하는 일이니, 실수를 두려워하기보다는 그것을 통해 배우는 것에 집중하면 좋겠어.

업무 중 실수를 하게 되는 원인과 그에 대한 해결책을 살펴본다. 가장 먼저 업무에 대한 이해도가 부족할 때 실수를 많이 하는데, 이는 업무를 배우는 초기 단계에서 특히 그렇다. 이럴 때는 업무 학습에 더 많은 시간과 노력을 투자한다는 것이 중요하다. 회사에서 제공하는 교육 프로그램을 이용하거나, 업무에 대한 참고 자료를 찾아보는 것도 도움이 되며, 동료들에게 물어보는 것도 많은 도움이 될 수 있다.

또한 업무에 집중하지 못할 때 역시 실수를 많이 하는데, 이는 장시간의 업무, 과도한 스트레스, 건강 문제 등 다양한 요인이 영향을 준다. 이럴 때는 업무 환경을 개선하거나 적절한 휴식을 취하는 것이 필요한데, 근무 시간을 조절하거나, 책상과 의자의 위치를 조정하는 것, 불필요한 소음을 줄이는 것 등이 업무 환경을 개선하는 데 도움이 될 수 있다. 또한, 정기적으로 휴식을 취하고 필요하다면 전문가에게 도움을 청하는 것도 중요하다.

다음으로 업무 절차를 제대로 이해하지 못했을 때 실수를 많이 한다. 이는 교육이나 교육자료가 부족하거나, 업무 절차가 복잡하거나 불명확할 때 발생한다. 이럴 때는 업무 절차를 명확히 이해하고 필요하다면 추가적인 교육을 받는다. 업무 절차에 대한 자료를 찾아보거나, 동료나 상사에게 물어보는 것도 도움이 될 수 있다.

마지막으로 업무에 대한 부담감이 클 때 실수를 많이 하는데, 이는 특히 실수에 대한 두려움이 있을 때 그렇다. 이럴 때는 실수를 학습의 기회로 바라보고 실패에 대한 두려움을 극복하는 데 집중한다. 실수를 두려워하기보다는 그것을 통해 배우는 것에 집중하고 필요하다면 동료나 상사에게 도움을 청하는 것이 중요하다는 것을 기억한다.

결국, 실수는 어쩔 수 없이 발생하는 일이다. 그러나 중요한 것은 그 실수를 통해 무엇을 배우는지, 어떻게 그 실수를 통해 성장하는 지이다. 그러므로 실수를 두려워하지 말고 그것을 통해 배우는 것에 집중하도록 한다.

12
계속 문제를 일으키는 직원을
어떻게 관리해야 할까요?

백팀장 : 김대리, 요즘 팀원인 민수가 계속해서 문제를 일으키는
　　　　　것 같아. 어떻게 관리해야 할지 고민이야.

김대리 : 그런 상황이라면 먼저 민수씨가 왜 문제를 일으키는지
　　　　　원인을 파악하는 것이 중요할 것 같습니다. 그 원인에
　　　　　따라 해결책을 찾을 수 있을 것 같습니다.

백팀장 : 그게 쉽지 않네. 어떻게 원인을 파악해야 할까?

김대리 : 먼저 민수씨와 개별적으로 대화를 해 보는 것이 어떨까
　　　　　요? 그의 입장과 생각을 들어보고, 문제의 심각성을 인
　　　　　지하고 있는지 확인하는 것이 중요하다고 생각합니다.
　　　　　또한, 민수씨가 업무를 잘 수행할 수 있도록 필요한 지

원이나 교육이 제공되고 있는지 확인하는 것도 필요하겠습니다.

백팀장 : 그럼 그 대화를 통해 문제가 파악되면 어떻게 해야 하지?

김대리 : 문제가 파악되면 그에 따른 해결책을 찾아야 합니다. 예를 들어, 민수씨가 업무를 제대로 이해하지 못하고 있어서 문제가 발생한다면, 업무 교육이나 멘토링을 제공하는 것이 도움이 될 것입니다. 반면, 민수씨가 업무에 대한 스트레스 때문에 문제를 일으킨다면, 그에게 휴식을 취할 시간을 제공하거나 업무 부담을 줄일 수 있는 방법을 찾아보는 것이 좋겠습니다.

백팀장 : 그런데 민수가 계속해서 같은 문제를 반복한다면 어떻게 해야 할까?

김대리 : 그런 경우에는 더 강력한 조치가 필요할 수도 있습니다. 문제의 심각성을 민수씨에게 명확히 알려주고, 그에 따른 결과를 이해시키는 것이 중요합니다. 만약 문제가 계속되면 그에 따른 결과를 명확히 알려주는 것도 중요하겠지만, 그 전에 민수씨가 문제를 해결할 수 있도록 도와주는 것이 우선이겠습니다.

백팀장 : 그렇구나. 생각보다 복잡하네. 김대리 말한 것처럼 먼저

민수와의 대화를 통해 원인을 파악하고, 그에 따른 해결책을 찾아야겠어. 더불어 민수가 문제를 해결할 수 있도록 도와주는 것도 잊지 않을게.

◆ ◆ ◆

우리 모두는 팀에서 문제를 일으키는 사람을 어떻게 처리해야 할지 고민해봤을 것이다. 이런 상황에서는 먼저 그 사람이 왜 문제를 일으키는지 원인을 파악하는 것이 중요하다. 원인이 무엇인지 알아야 그에 맞는 해결책을 찾을 수 있다.

원인을 파악하기 위해서는 개별적으로 대화를 해보는 것이 좋다. 그 사람의 입장과 생각을 들어보고, 문제의 심각성을 인지하고 있는지 확인해야 한다. 또한, 그 사람이 업무를 잘 수행할 수 있도록 필요한 지원이나 교육이 제공되고 있는지 확인하는 것도 중요하다.

문제의 원인이 파악되면 그에 맞는 해결책을 찾아야 한다. 예를 들어, 업무를 제대로 이해하지 못해 문제가 발생하는 경우라면, 업무 교육이나 멘토링을 제공해야 한다. 또한, 업무 스트레스 때문에 문제를 일으키는 경우에는 휴식 시간을 제공하거나 업무 부담을 줄일 수 있는 방법을 찾아야 한다.

하지만 계속해서 같은 문제를 반복한다면, 좀 더 강한 조치를 취해야 할 수도 있다. 문제의 심각성을 그 사람에게 확실히 알려주고, 그 결과를 이해시키는 것이 중요하다. 문제가 계속된다면 그 결과를 명확하게 알려줘야 하지만, 그 전에 그 사람이 문제를 해결할 수 있도록 도와주는 것이 먼저다.

13
직장에서의 인간관계를
어떻게 관리해야 할까요?

김대리 : 팀장님, 요즘 팀원들 간의 인간관계 때문에 힘들어요.
어떻게 해야 할지 모르겠어요.

백팀장 : 그래, 먼저 김대리와 다른 팀원들 사이에 어떤 문제가
있는지 구체적으로 알려줘봐.

김대리 : 몇몇 팀원들 사이에 작은 갈등이 일어나고 있어요. 그리
고 이것이 큰 문제로 번져가는 것 같아요.

백팀장 : 그럼 먼저 그 갈등의 원인이 무엇인지 알아봐야 해. 어
떤 상황에서 갈등이 일어나는지, 그럴 때 김대리나 다
른 팀원들이 어떤 생각을 하는지 알아봐. 그리고 갈등
이 일어나는 팀원들이 업무를 잘 수행할 수 있도록 필

요한 지원이나 교육이 제대로 제공되고 있는지 확인해
봐.

김대리 : 그럼 그 원인을 파악하고 나면 어떻게 해야 하나요?

백팀장 : 원인에 따라 다르지. 업무를 제대로 이해하지 못해서 문
제가 발생하는 거라면, 업무 교육이나 멘토링을 제공할
수 있어. 스트레스 때문에 문제가 일어나는 거라면, 휴
식 시간을 조금 더 주거나 업무 부담을 줄여줄 수 있는
방법도 있어.

김대리 : 하지만 계속해서 같은 문제가 반복되면 어떻게 해야 하
나요?

백팀장 : 그런 경우에는 좀 더 강한 조치를 취해야 해. 문제의 심
각성을 그 팀원에게 확실히 알려주고, 그 결과를 이해
시키는 거지. 그리고 만약 문제가 계속된다면, 그 결과
를 명확하게 알려줘야 해. 하지만 그 전에 문제를 해결
할 수 있도록 도와주는 거야.

김대리 : 아, 이해가 되었어요. 이런 방법으로 팀원들과의 인간관
계를 다루어 보도록 하겠습니다. 감사합니다.

위의 대화를 통해 우리는 팀 내에서 발생하는 인간관계 문제에 대한 해결책과 그 해결 과정에서의 중요한 포인트들을 배울 수 있다.

첫 번째로, 문제의 원인을 파악하는 것이 중요하다. 갈등이 발생하는 상황을 잘 관찰하고, 그 원인이 무엇인지 이해해본다. 갈등이 일어나는 팀원들의 입장을 이해하고, 그들이 업무를 잘 수행할 수 있도록 필요한 지원이나 교육이 제공되고 있는지 확인하는 것도 중요하다.

두 번째로, 원인에 따른 해결책을 찾아야 한다. 문제의 원인이 업무 능력 부족이라면, 업무 교육이나 멘토링을 제공하는 것이 도움이 된다. 만약 업무 스트레스 때문이라면, 휴식 시간을 조정하거나 업무 부담을 줄일 수 있는 방안을 찾는 것이 필요하다.

마지막으로, 문제가 반복되는 경우에는 좀 더 강한 조치를 고려해본다. 문제의 심각성을 해당 팀원에게 확실히 알려주고, 그 결과를 이해시키는 것이 중요하다. 그러나 문제를 해결할 수 있도록 도와주는 것이 먼저다.

이런 방법들을 통해 팀 내의 인간관계 문제를 해결하고, 더 원활한 소통과 협력을 이루어 나간다. 모두가 한 팀으로서 서로를 이해하고, 서로를 존중하며, 서로를 돕는다면, 훨씬 더 효과적인 팀워크를 이룰 수 있을 것이다.

14
팀원을 이해하려면
어떤 점을 고려해야 할까요?

백팀장 : 팀원들을 더 잘 이해하고 싶어. 그런데 어떤 점을 고려
해야 할지 모르겠어.

김대리 : 팀장님, 그럼 먼저 팀원들의 개인적인 특성을 알아보는
것이 중요하다고 생각합니다. 우리 팀원 각각의 성격,
가치관, 업무 스타일 등을 고려해보면 어떨까요?

백팀장 : 음. 그런데 각각의 팀원들이 어떻게 생각하고 행동하는
지를 어떻게 알 수 있을까?

김대리 : 일상적인 대화를 통해 팀원들의 생각과 감정을 들어보
는 것이 좋습니다. 그리고 팀원들이 업무 상황에서 어
떻게 반응하는지 관찰하는 것도 중요합니다. 이런 방식

으로 팀원들의 성격과 가치관, 업무 스타일을 파악할 수 있습니다.

백팀장 : 아, 그럼 그런 것들을 알게 되면 어떻게 활용할 수 있을까?

김대리 : 팀원들의 개인적인 특성을 이해하면, 그들에게 맞는 업무 분배나 커뮤니케이션 방식을 선택하는 데 도움이 됩니다. 예를 들어, 어떤 팀원은 직접적인 피드백을 선호할 수 있고, 어떤 팀원은 간접적인 피드백을 선호할 수 있습니다. 이런 점을 고려하면 팀원들과의 커뮤니케이션이 더 원활해질 것입니다.

백팀장 : 그럼 팀원들 간의 관계를 이해하는 것은 어떨까? 그것도 중요한 것 같은데.

김대리 : 네, 그렇습니다. 팀원들 간의 관계를 이해하는 것도 중요합니다. 팀원들이 서로 어떻게 상호작용하는지 관찰하고, 그들 사이에서 어떤 문제가 발생하는지 파악해보세요. 그리고 그런 문제를 해결하기 위한 방법을 같이 고민해보는 것도 좋습니다.

백팀장 : 그럼 팀원들을 이해하는 데 필요한 여러 가지 점들을 고려해보도록 할게. 고마워.

위의 대화를 통해 우리는 팀원을 이해하는데 필요한 주요한 점들을 배울 수 있다. 팀장이 되어보거나, 심지어는 팀원이 되어보다 보면, 팀원을 이해하는 것이 그리 쉬운 일이 아니라는 것을 알게 될 것이다. 여기에서는 팀원을 이해하는 데 필요한 몇 가지 핵심 요소들을 살펴보겠다.

첫 번째로, 팀원들의 개인적인 특성을 알아보는 것이 중요하다. 이는 성격, 가치관, 업무 스타일 등을 포함한다. 이를 이해하는 방법 중 하나는 일상적인 대화를 통해 팀원들의 생각과 감정을 듣는 것이다. 또한 팀원들이 업무 상황에서 어떻게 반응하는지 관찰하는 것도 중요하다.

두 번째로, 이러한 개인적인 특성을 팀 내에서 어떻게 활용할지를 알아야 한다. 이는 각 팀원에게 가장 적합한 업무 분배 방식이나 커뮤니케이션 방식을 결정하는 데 도움이 된다. 예를 들어, 어떤 팀원은 직접적인 피드백을 선호할 수 있고, 어떤 팀원은 간접적인 피드백을 선호할 수 있다. 이러한 점들을 고려하면, 팀원들과의 커뮤니케이션은 더욱 원활해질 것이다.

마지막으로, 팀원 간의 관계를 이해하는 것도 중요하다. 이는 팀원들이 어떻게 상호작용하는지 관찰하고, 팀원들 사이에서 발생하는 문제를 파악하고, 그 문제를 해결하는 방법을 공동으로 찾아가는 과정을 포함한다.

모두가 이러한 방법들을 통해 팀원을 더 잘 이해하고, 그에 따라 팀의 성과를 높일 수 있을 것이다. 이는 팀의 성공을 위한 핵심 요소이며, 이를 통해 우리는 더 강한 팀을 만들 수 있다.

15
직원들의 업무 만족도를 높이기 위해
어떤 접근 방식을 선택해야 할까요?

백팀장 : 팀원들이 업무에 만족하면서도 생산성을 높일 수 있도록, 어떤 접근 방식을 선택해야 할지 고민 중이야.

김대리 : 그럼 어떤 방식을 고려하고 계신가요, 팀장님?

백팀장 : 첫 번째로, 업무 환경을 좋게 만드는 것을 생각하고 있어. 그렇게 되면 팀원들이 업무에 집중하면서도 편안하게 일할 수 있을 것 같아.

김대리 : 그러면 구체적으로 어떤 조치를 생각하고 계신가요?

백팀장 : 물리적 환경을 개선하는 것부터 시작해볼까 생각 중이야. 팀원들이 편안하게 일할 수 있는 공간을 제공하고, 필요한 자원을 지원하는 것이 중요하다고 생각해. 그리

고 팀 내에서의 커뮤니케이션도 중요하니, 이를 위한 정기적인 회의나 워크샵도 계획 중이야.

김대리 : 그렇군요, 그럼 다른 방식은 무엇인가요?

백팀장 : 두 번째로, 팀원들의 업무 역량을 강화하는 것을 고려하고 있어. 팀원들이 업무를 잘 수행할 수 있도록 필요한 교육을 제공하거나, 실무 경험을 쌓을 수 있는 기회를 제공하는 것이 중요하다고 생각해.

김대리 : 그렇게 하면 팀원들이 업무에 더욱 만족하며, 업무 성과도 높아질 것 같습니다.

백팀장 : 그렇게 생각해. 팀원들이 업무에 만족하면서 성과를 내는 것이 결국 팀의 성공으로 이어지니까. 그럼 이 방향으로 계속 고민해볼게.

위의 대화를 통해 우리는 팀원들의 업무 만족도를 높이기 위한 중요한 접근 방식들을 배운다. 팀장이 코치의 역할을 하는 것이 얼마나 중요한지를 이해하는 데 도움이 된다.

첫 번째로, 팀장은 팀원들의 업무 환경을 개선하는 데 초점을 맞춘다. 업무 환경이라는 것은 물리적인 공간뿐만 아니라, 팀의 커뮤니케이션 방식, 업무 분위기 등을 포함한다. 팀장은 팀원들이 업무에 집중할 수 있는 조용한 공간을 제공하고, 팀원들 간의 업무 공유를 원활하게 하기 위해 정기적인 회의를 갖는 등의 조치를 취해야 한다.

두 번째로, 팀장은 팀원들의 업무 역량을 강화한다. 이는 팀원들에게 필요한 교육을 제공하고, 업무에 필요 자원을 지원하는 것을 포함한다. 팀장은 팀원들이 필요한 기술이나 지식을 배울 수 있도록 도와주는 역할을 하며, 이를 위해 교육 프로그램을 제공하거나, 실무 경험을 쌓을 수 있는 기회를 제공한다.

이렇게 팀장이 코치의 역할을 하며, 팀원들의 업무 환경을 개선하고 업무 역량을 강화하는 방향으로 나아가면, 팀원들의 업무 만족도는 자연스럽게 높아진다. 이는 팀의 성과를 높이는 데 큰 도움이 된다.

16
직장에서 스트레스를 줄이기 위한 방법은 무엇일까요?

백팀장 : 김대리, 요즘 팀원들이 스트레스를 많이 받는 것 같아. 이에 대해 어떻게 대처할 수 있을까?

김대리 : 팀장님, 스트레스의 원인이 무엇인지 파악하는 것이 중요합니다. 팀원들이 스트레스를 받는 이유가 무엇인지, 그 원인을 찾아봐야 해요.

백팀장 : 그럼 팀원들에게 스트레스의 원인을 물어보는 것이 좋겠군.

김대리 : 그 방법도 있지만, 팀원들이 스트레스를 받는 이유를 스스로 알아차리도록 돕는 것이 더 효과적일 수 있어요. 코칭 대화를 통해 그들로 하여금 스스로 원인을 찾

아보게 하는 거죠.

백팀장 : 코칭 대화를 통해 그런 과정을 어떻게 이끌어낼 수 있을까?

김대리 : 먼저, 팀원에게 스트레스를 느낀다고 했을 때 그가 그렇게 느낀 이유를 자세히 말해달라고 요청하는 거예요. 그리고 그 상황에서 그가 어떤 생각을 했는지, 어떤 감정을 느꼈는지 물어보는 겁니다. 이런 방식으로 그가 스스로 스트레스의 원인을 찾아보도록 돕는 것이죠.

백팀장 : 그럼 그 다음은 어떻게 해야 하나?

김대리 : 그가 스트레스의 원인을 찾았다면, 그 원인에 대해 어떻게 대처할지를 함께 고민해보는 거예요. 그 원인을 바꿀 수 있는 방법이 있는지, 그렇지 않다면 그 상황을 어떻게 받아들일지에 대해 이야기하면 돼요.

백팀장 : 그렇게 함으로써 팀원들이 스트레스를 더 잘 관리할 수 있게 되겠군.

김대리 : 네, 맞아요. 스스로 문제를 인식하고 해결방안을 찾는 과정을 통해 팀원들이 스트레스를 더 잘 다루는 방법을 배울 수 있어요. 이런 방식으로 코칭을 통해 스트레스 관리를 돕는 거죠.

◈ ◈ ◈

일상에서 또는 일하는 과정에서 스트레스는 불가피하다. 그러나 우리는 스트레스를 잘 관리하는 방법을 배울 수 있다. 이런 과정에서 코칭이 중요한 역할을 한다.

여러분도 아마 기억하겠지만, 팀장과 나눴던 대화에서 스트레스 문제를 해결하는 방법을 살펴봤다. 팀장은 팀원들의 스트레스 원인을 찾아보려 했지만, 중요한 것은 팀원이 스스로 그 원인을 찾아내는 것이다. 이를 위해 코칭 대화를 통해 그 원인을 찾아보도록 돕는다.

그럼, 스트레스의 원인을 찾았다면 다음 단계는 무엇일까? 바로 그 원인에 어떻게 대처할지 고민해보는 것이다. 팀장이 팀원과 함께 스트레스의 원인을 어떻게 해결할지, 그 원인을 바꿀 수 없다면 어떻게 받아들일지를 고민할 수 있다.

이렇게 코칭을 통해 스트레스 관리를 하면, 팀원들은 스트레스를 더 잘 다루는 방법을 배울 수 있다. 이제 우리가 스트레스를 받는 원인을 찾아내고, 그 원인에 대해 어떻게 대처할지 고민해볼 차례다. 이런 과정을 통해 우리는 스트레스를 더 잘 관리하고, 더 효과적으로 일하는 방법을 찾을 수 있다.

17
팀워크를 강화하기 위한
가장 좋은 방법은 무엇일까요?

백팀장 : 김대리, 우리 팀의 팀워크를 강화하려면 어떻게 해야 할
까? 어떤 방법이 가장 좋을까?

김대리 : 팀장님, 팀워크 강화는 쉽지 않은 과제라고 생각해요.
하지만 코칭을 통해 접근한다면 더 효과적일 수 있을
것 같아요. 먼저, 우리 팀원들 각각이 팀의 목표를 이해
하고, 그 목표를 위해 무엇을 해야 하는지 알아야 해요.

백팀장 : 그럼 팀원들에게 직접 목표를 설명해야겠군.

김대리 : 그 방법도 있지만, 팀원들이 직접 팀의 목표를 이해하
고, 그것을 위해 무엇을 해야 하는지 스스로 찾아보도
록 돕는 것이 더 효과적이라고 생각해요. 이를 위해 코

칭 대화를 통해 그들이 스스로 문제를 인식하고 해결 방안을 찾도록 도와야 해요.

백팀장 : 그럼 코칭 대화를 통해 어떻게 팀워크를 강화할 수 있을까?

김대리 : 먼저, 팀원들에게 팀의 목표가 무엇인지, 그 목표를 위해 자신이 무엇을 해야 하는지 묻는 것이 중요해요. 그리고 그들의 의견을 듣고, 그들이 스스로 문제를 인식하고 해결방안을 찾도록 도와야 해요.

백팀장 : 그럼 그 다음은 어떻게 해야 하나?

김대리 : 팀원들이 스스로 문제를 인식하고, 해결방안을 찾았다면, 그들이 그 해결방안을 실천하는 것을 지원해야 해요. 이를 위해 필요한 자원이나 지원이 있으면 제공하는 것이 좋아요.

백팀장 : 그렇게 함으로써 팀원들이 팀의 목표를 이해하고, 그것을 위해 스스로 무엇을 해야 하는지 알게 되겠군.

김대리 : 네, 맞아요. 이렇게 코칭을 통해 팀원들이 스스로 문제를 인식하고 해결방안을 찾는 과정을 통해 팀워크를 강화할 수 있어요. 이 과정을 통해 팀원들은 서로의 역할을 이해하고, 서로를 존중하며, 팀의 목표를 달성하기 위해 협력하는 방법을 배울 수 있죠.

◈ ◈ ◈

팀워크는 일하는 과정에서 중요한 요소로 작용한다. 그러나 이를 강화하는 것은 쉽지 않은 일이다. 이 문제를 해결하기 위해 코칭의 방법을 도입해봤다. 백팀장과 김대리의 대화를 통해 배운 것처럼, 팀의 목표를 이해하고 그 목표를 위해 무엇을 해야 하는지 알게 하는 것이 팀워크를 강화하는 첫 걸음이다.

하지만 여기서 더 나아가, 김대리의 조언처럼 팀원들이 스스로 팀의 목표를 이해하고, 그것을 위해 무엇을 해야 하는지 찾아내도록 도와야 한다. 코칭 대화를 통해 이런 과정을 진행하면 더 효과적이다.

이제 팀원들이 스스로 문제를 인식하고 해결방안을 찾았다면, 그들이 그 해결방안을 실천하도록 지원하는 것이 다음 단계가 된다. 이를 위해 필요한 자원이나 지원이 있다면 제공해야 한다.

이렇게 코칭을 통해 팀원들이 스스로 문제를 인식하고 해결방안을 찾는 과정을 통해 팀워크를 강화할 수 있다. 이 과정을 통해 팀원들은 서로의 역할을 이해하고, 서로를 존중하며, 팀의 목표를 달성하기 위해 협력하는 방법을 배울 수 있다.

이제 우리 모두가 팀의 목표를 이해하고, 그것을 위해 어떻게 협력할지 고민해볼 차례다. 이런 과정을 통해 우리는 팀워크를 더 잘 강화하고, 더 효과적으로 일하는 방법을 찾을 수 있다.

18
팀의 업무 효율성을 높이기 위해
어떤 도구를 사용해야 할까요?

백팀장 : 김대리, 요즘 팀의 업무 효율성이 떨어지는 것 같아. 어
떻게 해결해야 할지 고민 중이야.

김대리 : 팀장님, 그럼 우리 팀의 업무 프로세스에 대해 먼저 살
펴보는 것은 어떨까요? 어떤 부분에서 비효율이 발생하
고 있는지 파악하는 것부터 시작해보는 거죠.

백팀장 : 그렇다면, 팀원들에게 직접 물어보며 그들의 생각을 들
어보는 것도 좋겠군. 그들이 스스로 어떤 부분이 문제
라고 생각하는지 알아보자.

김대리 : 좋은 생각입니다, 팀장님. 팀원들이 스스로 문제점을 인
식하고, 그것을 개선할 수 있는 방안을 제시한다면 더

욱 효과적일 것 같아요.

백팀장 : 그럼 팀원들이 제시한 개선 방안 중에서 어떤 것을 실행에 옮길지 결정해야겠군. 그리고 그 과정에서 필요한 도구나 자원이 있다면 지원해주는 것도 중요하겠네.

김대리 : 그렇습니다, 팀장님. 팀원들이 스스로 문제를 인식하고 그것을 해결하는 과정에서 팀장님이 지원을 해주신다면, 그들의 업무 효율성은 더욱 높아질 것이라고 생각합니다.

백팀장 : 그렇게 함으로써 우리 팀의 업무 효율성을 높일 수 있겠군. 김대리, 너의 생각을 듣고 나니 해결 방향에 대해 명확하게 알게 되었어. 이제 팀원들과 이야기를 나눠서 문제점을 찾고, 그것을 해결하는 방법을 찾아보도록 하자.

김대리 : 네, 팀장님. 팀원들과 함께 문제를 해결하는 과정에서 팀의 업무 효율성을 높이는 방법을 찾을 수 있을 것 같아요. 좋은 방향성을 제시해주셔서 감사합니다.

백팀장과 김대리의 대화를 통해 업무 효율성을 높이는 방법을 살펴본다.

첫 번째로, 업무 효율성을 높이기 위해서는 원인을 찾는 것이 중요하다. 이는 팀 전체의 업무 프로세스를 꼼꼼히 살펴보고, 어떤 부분이 비효율적으로 작동하고 있는지 파악하는 것이 필요하다. 팀장의 역할은 이러한 문제 파악을 리드하고, 팀원들의 의견을 적극적으로 들어 이를 해결하는데 필요한 정보를 수집하는 것이다.

두 번째로, 팀원들이 스스로 문제를 인식하고, 그에 대한 해결 방안을 제시하는 것이 중요하다. 이는 팀원들이 자신들의 업무에 대한 이해를 깊게 하고, 문제의 원인과 그에 따른 개선 방향을 스스로 찾아내는 것이다. 이 과정에서 팀장의 적극적인 지원이 팀원들의 업무 효율성을 높이는데 큰 도움이 된다.

마지막으로, 문제를 해결하는 데 필요한 도구나 자원을 팀장과 팀원들이 상호 협력하며 지원해주어야 한다. 이렇게 함으로써, 팀의 업무 효율성을 높이는 방향으로 문제를 해결할 수 있다.

팀장과 팀원들이 상호 협력하며 문제를 파악하고, 그에 맞는 해결책을 찾아 나가는 것이 중요하다. 이 과정에서 코칭이 큰 역할을 하며, 이 방향성을 잘 이해하고 실행한다면 팀의 업무 효율성을 크게 향상시킬 수 있다.

업무 효율성을 높이기 위한 코칭 도구는 여러 가지가 있다.

1. **긍정적인 피드백** : 코칭에서 피드백은 핵심 도구 중 하나다. 팀원들의 성과를 인정하고 그들의 노력을 칭찬하는 것은 팀원들의 동기를 부여하고, 업무에 대한 만족감을 높여 업무 효율성을 높일 수 있다.

2. **목표 설정** : SMART(특정하게, 측정 가능하게, 도달 가능하게, 관련 있는, 시간적으로 구체적인) 목표 설정은 팀원들이 자신들의 업무를 명확하게 이해하고, 그에 따라 효과적으로 행동할 수 있게 돕는다.

3. **시간 관리 도구** : 시간 관리 도구를 활용하는 것은 업무 효율성을 높이는 데 굉장히 유용하다. 이는 일정 관리, 업무 분할, 우선 순위 설정 등을 돕는다.

4. **팀 빌딩 활동** : 팀원들이 서로를 더 잘 이해하고, 서로에 대한 신뢰를 높이는 것은 팀의 업무 효율성을 높이는 데 중요하다. 팀 빌딩 활동은 이를 돕는 좋은 도구다.

5. **코칭 세션** : 팀원들의 업무 관련 문제를 해결하고, 개인의 성장을 돕는 데 유용한 도구다. 이는 팀원들이 자신의 업무를 더욱 효과적으로 수행하도록 돕는다.

이 외에도 다양한 코칭 도구들이 있지만, 특정 팀의 상황에 따라 가장 적합한 도구를 선택하는 것이 중요하다.

19
팀원들 간의 신뢰를 높이기 위한 방법은 무엇일까요?

백팀장 : 오늘은 우리 팀원들 사이의 신뢰를 어떻게 높일 수 있을지에 대해 이야기해보려고 해.

김대리 : 그렇군요, 팀장님. 그런데 우리끼리 신뢰를 어떻게 높이는 게 좋을까요?

백팀장 : 좋은 질문이야. 첫 번째로, 서로에 대한 이해를 높이는 게 중요해. 이를 위해 팀 빌딩 활동 같은 걸 통해 서로를 더 잘 알아가는 시간을 가져보는 건 어때? 이런 활동을 통해 서로의 개성이나 장점을 이해하고, 서로를 존중하는 분위기를 만들 수 있어.

김대리 : 팀 빌딩 활동이라면 어떤 걸 해봐야 할까요?

백팀장 : 팀 빌딩 활동은 다양하게 할 수 있어. 같이 식사를 하거나, 팀워크를 요하는 게임을 해볼 수도 있고, 봉사 활동을 하거나, 워크숍을 가는 것도 효과적이지. 중요한 건 함께 시간을 보내며 서로를 이해하는 거야.

김대리 : 그렇군요, 그 외에 다른 방법은 무엇이 있을까요?

백팀장 : 두 번째로, 소통을 통해 신뢰를 높일 수 있어. 나와의 정기적인 1:1 면담을 통해 팀원들의 의견을 들으면 업무상의 고민이나 문제를 해결하는데 도움이 될 수 있을 거야. 그리고 팀원들이 자유롭게 의견을 나눌 수 있는 분위기를 만드는 것도 중요하다고 생각해.

김대리 : 소통이 중요하군요. 그런데 우리가 자유롭게 의견을 나눌 수 있는 환경을 어떻게 만들 수 있을까요?

백팀장 : 그러기 위해서는 나부터란 자세를 보여줘야 해. 팀원들의 의견을 존중하고, 아이디어를 받아들이는 것이 중요하거든. 그리고 팀원들이 의견을 나눌 때 부정적인 피드백보다는 긍정적인 피드백을 주는 것이 중요해. 이렇게 하면 팀원들도 자신의 의견을 더 적극적으로 나누게 될 거야.

◆ ◆ ◆

지금까지 팀원들 간의 신뢰를 높이는 방법에 대해 이야기해 보았다. 그렇다면 우리는 어떻게 서로의 신뢰를 높일 수 있을까?

첫 번째 방법은 서로를 더 잘 이해하는 것이다. 이를 위해 우리는 팀 빌딩 활동을 통해 서로를 더 잘 알아가는 시간을 가질 수 있다. 팀 빌딩 활동은 우리가 서로의 개성과 장점을 이해하고, 이를 통해 서로를 존중하는 문화를 만들 수 있는 좋은 기회다. 여기에는 같이 식사를 하거나, 팀워크를 요하는 게임을 하는 것부터 봉사 활동이나 워크샵에 참여하는 것까지 다양한 활동이 포함될 수 있다. 이런 활동들은 우리가 함께 시간을 보내며 서로를 이해하는 데 큰 도움이 될 것이다.

두 번째로는 소통의 중요성이다. 우리는 팀원들과의 정기적인 1:1 면담을 통해 그들의 의견을 듣고, 그들의 업무에 대한 고민이나 문제를 해결하는 데 도움을 줄 수 있다. 이는 우리가 팀원들과의 신뢰를 높이는 중요한 방법 중 하나다. 또한, 우리는 팀원들이 자신의 의견을 자유롭게 나눌 수 있는 환경을 만드는 것이 중요하다. 이를 위해 팀장으로서 먼저 열린 자세를 보여주고, 팀원들의 의견을 존중하며 그들의 아이디어를 받아들이는 것이 필요하다. 팀원들이 의견을 나눌 때 부정적인 피드백보다는 긍정적인 피드백을 주는 것이 중요하다. 이렇게 하면 팀원들은 자신의 의견을 더욱 적극적으로 나누게 될 것이다.

이렇게 서로를 이해하고, 소통하는 것을 통해 우리는 팀원들 간의 신뢰를 높일 수 있다. 이는 결국 우리 팀의 업무 효율성을 높이는 데 큰 도움이 될 것이다.

20
사내 교육을 효과적으로
운영하기 위한 방법은 무엇일까요?

백팀장 : 오늘은 사내 교육을 효과적으로 운영하는 방법에 대해
　　　　　얘기해 볼까? 사내 교육은 우리의 전문성을 향상시키
　　　　　고, 팀의 성과를 높이는 중요한 요소인데, 교육을 받을
　　　　　때 어려움을 겪지 않아?

김대리 : 팀장님, 사내 교육이 효과적이지 못한 이유는 무엇일까요?

백팀장 : 첫 번째로, 교육 내용이 팀원들의 실제 업무와 맞지 않는
　　　　　경우가 많아. 교육을 받는 동안에는 이해가 되지만, 실제
　　　　　업무에 적용하려고 하면 어려움을 겪는 경우가 있지.

정사원 : 그럼, 어떻게 그런 문제를 해결하면 좋을까요?

백팀장 : 교육 내용이 실제 업무와 연계되지 않는 문제를 해결하

려면, 교육 내용을 우리 팀의 실제 업무와 연계시키는 것이 중요해. 교육 계획을 세울 때, 팀원들의 업무를 고려하고, 이에 맞는 교육 커리큘럼을 구성하면 돼.

김대리 : 그렇군요, 그 외에 다른 문제점은 무엇이 있을까요?

백팀장 : 두 번째로, 교육 방법이 효과적이지 않을 수 있어. 강의식 교육도 좋지만, 팀원들이 직접 참여하고 경험하는 교육이 더 효과적일 수 있어.

정사원 : 그럼, 어떻게 교육 방법을 개선하면 좋을까요?

백팀장 : 교육 방법을 개선하려면, 강의식 교육 외에도 팀원들이 직접 참여하고 경험할 수 있는 교육 방법을 도입하면 돼. 예를 들어, 역할극이나 사례 연구, 워크샵 등을 통해 팀원들에게 직접 문제를 해결하고, 새로운 지식을 습득하는 경험을 제공하면 좋아.

◆ ◆ ◆

팀장과 팀원들간의 대화를 통해 우리가 사내 교육에서 효과적인 결과를 얻기 위한 두 가지 핵심 요소를 발견할 수 있다.

첫 번째로, 교육 내용이 팀원들의 실제 업무와 어떻게 연계되는지가 중요하다. 교육이 팀원들의 업무에 직접적으로 도움이 되지 않으면, 교육 내용을 실무에 적용하는 데 어려움이 생긴다. 이 문제를 해결하기 위해 교육 계획을 세울 때, 팀원들의 업무를 고려하고, 이에 맞는 교육 커리큘럼을 구성하는 것이 필요하다.

두 번째로, 교육 방법이 효과적이지 않을 수 있다. 강의식 교육도 중요하지만, 팀원들이 직접 참여하고 경험하는 교육이 더 효과적일 수 있다. 이 문제를 해결하기 위해, 강의식 교육 외에도 팀원들이 직접 참여하고 경험할 수 있는 교육 방법을 도입하는 것이 중요하다. 예를 들어, 역할극이나 사례 연구, 워크샵 등을 통해 팀원들이 직접 문제를 해결하고, 새로운 지식을 습득하는 경험을 제공하는 것이다.

이 두 가지 점을 개선하면, 사내 교육을 더 효과적으로 운영할 수 있다. 이를 통해 팀원들의 전문성을 향상시키고, 팀의 성과를 높이는 데 큰 도움이 될 것이다.

21
팀장 간의 갈등을
어떻게 해결할 수 있을까요?

백팀장 : 요즘 팀장 간의 갈등이 생겨서 문제를 해결하는 데 어려움을 겪고 있습니다.

코　치 : 어떤 종류의 갈등이 생겼는지 좀 더 자세히 알려주실 수 있을까요?

백팀장 : 네, 팀장 간의 목표와 전략에 대한 차이 때문에 갈등이 생기는 것 같습니다.

코　치 : 그렇군요. 그런 경우에는 팀장 간의 명확한 의사소통이 중요하다. 각 팀장들이 가진 목표와 전략에 대해 공유하고, 이해하려는 노력이 필요합니다.

백팀장 : 그런데, 의사소통을 해도 갈등이 계속 생기면 어떻게 해

야 하나요?

코 치 : 의사소통을 통해 갈등이 해결되지 않는다면, 중재자의 도움을 청하는 것도 방법입니다. 중재자는 객관적인 입장에서 팀장들의 의견을 듣고, 공정한 판단을 내릴 수 있습니다.

백팀장 : 중재자를 통해 갈등을 해결하는 것이 정말 효과적인가요?

코 치 : 중재자가 객관적인 입장에서 판단을 내리고, 갈등을 관리하는 역할을 하므로 효과적일 수 있습니다. 하지만 중재자를 통한 해결 방법 외에도, 팀장들이 스스로 갈등을 해결할 수 있는 방법을 찾아보는 것이 중요합니다.

백팀장 : 그럼 스스로 갈등을 해결하기 위해 어떤 방법을 사용할 수 있나요?

코 치 : 팀장들이 서로에 대한 이해를 높이기 위해 서로의 입장을 이해하려는 노력이 필요합니다. 이를 위해 공감 능력을 키우는 것이 중요합니다. 또한, 팀장들이 서로의 목표와 전략에 대해 명확하게 이해하고, 이를 통해 공통의 목표를 설정하려는 노력이 필요합니다.

◈ ◈ ◈

위의 대화를 통해 우리는 갈등은 주로 목표와 전략의 차이에서 발생한다는 것을 알게 되었다.

첫 번째로, 갈등을 해결하는 데 가장 기본적인 방법은 팀장 간의 명확한 의사소통이다. 각 팀장들이 가진 목표와 전략에 대해 공유하고, 이해하려는 노력이 필요하다. 이는 각 팀장이 자신의 목표와 전략을 명확하게 표현하고, 다른 팀장의 목표와 전략을 이해하려는 태도를 필요로 한다. 이런 의사소통 과정에서 각 팀장은 서로의 의견을 존중하고 이해하려는 태도를 보여야 한다. 이는 갈등을 줄이는 데 큰 도움이 된다.

하지만, 항상 의사소통만으로 갈등이 해결되는 것은 아니다. 의사소통을 통해 갈등이 해결되지 않는다면, 중재자의 도움을 청하는 것도 방법이다. 중재자는 객관적인 입장에서 팀장들의 의견을 듣고, 공정한 판단을 내릴 수 있다. 이는 갈등을 효과적으로 해결하는 데 도움이 될 수 있다.

그러나, 중재자를 통해 갈등을 해결하는 것이 유일한 방법은 아니다. 각 팀장이 스스로 갈등을 해결할 수 있는 방법을 찾아보는 것도 중요하다. 이를 위해서는 먼저 서로의 입장을 이해하려는 노력이 필요하다. 각 팀장은 다른 팀장의 입장에서 문제를 바라보려는 시도를 해야 한다. 이는 공감 능력을 키우는 것이 중요하다.

또한, 각 팀장은 서로의 목표와 전략에 대해 명확하게 이해해야 한다. 이를 통해 공통의 목표를 설정하려는 노력이 필요하다. 이는 각 팀장이 자신의 목표와 전략을 재검토하고, 다른 팀장의 목표와 전략과 어떻게 조화를 이룰 수 있는지를 생각해 보는 과정을 포함한다.

이렇게 갈등을 관리하고 해결하는 방법을 통해, 팀장들 간의 협력을 높이고, 팀의 성과를 향상시킬 수 있다. 이는 팀장들이 서로에 대한 이해와 존중을 바탕으로 협력하고, 팀의 목표를 달성하기 위해 함께 노력하는 것이 중요하다는 것을 의미한다.

22
빠르게 성장한 회사에서 안정적인 시스템을 어떻게 구축할 수 있을까요?

백팀장 : 회사가 빠르게 성장하면서 안정적인 시스템을 구축하는 데 어려움을 겪고 있습니다. 어떻게 해결할 수 있을까요?

코　치 : 빠르게 성장하는 기업에서는 많은 변화와 도전이 동반되곤 합니다. 그런데, 특히 어떤 부분에서 어려움을 느끼고 계신가요?

백팀장 : 가장 큰 문제는 현실적으로 우리 팀이 감당하기 힘든 업무량과 지나치게 빠른 변화에 대응하는 데 어려움을 겪고 있다는 것입니다. 또한, 우리 회사의 성장 전략을 이해하고 이에 따라 행동하는 데도 어려움을 느끼고

있습니다.

코　치 : 그런 상황에서는 팀원들이 감당하기 힘든 업무량과 빠른 변화에 대응하기 위한 방법을 찾는 것이 중요합니다. 먼저, 업무량을 관리하는 방법을 찾아보는 것은 어떨까요? 팀원들의 업무량을 분석하고, 필요하다면 업무를 재분배하거나, 외부 자원을 활용하는 것도 방법입니다.

백팀장 : 그런데 외부 자원을 활용하려면 비용이 추가로 들어가지 않나요?

코　치 : 맞습니다. 하지만 장기적인 관점에서 보면, 팀원들이 과중한 업무에 지치거나, 업무 품질이 떨어지는 것을 방지하고, 팀원들의 직무 만족도를 높이는 데 큰 도움이 됩니다. 다음으로, 빠른 변화에 대응하는 방법을 찾아보는 것은 어떨까요? 팀원들이 변화에 적응하는데 필요한 교육과 지원을 제공하는 것이 중요합니다.

백팀장 : 그렇다면, 회사의 성장 전략을 이해하고 이에 따라 행동하는 것은 어떻게 해야 할까요?

코　치 : 그것은 팀장님의 역할이 중요합니다. 팀장님은 회사의 성장 전략을 명확하게 이해하고, 이를 팀원들에게 잘 전달해야 합니다. 이를 위해, 팀장님은 회사의 성장 전략에 대한 교육을 받거나, 이를 팀원들에게 설명하는 데 필요한 자료를 준비할 수 있습니다.

◆ ◆ ◆

빠르게 성장하는 회사에서 안정적인 시스템을 구축하는 것은 쉽지 않은 작업이다. 우리가 대화에서 들었듯이, 업무량 관리, 변화에 대응하는 교육과 지원, 그리고 성장 전략에 대한 이해와 전달이 중요한 요소라는 것을 알 수 있다.

첫 번째로, 업무량을 관리하는 것이 중요하다. 팀원들이 감당하기 힘든 업무량이 있다면, 업무를 재분배하거나 외부 자원을 활용하는 방법을 고려해볼 수 있다. 이는 당장 추가 비용이 발생하더라도 장기적으로 보면 팀원들의 업무 만족도를 높이고, 업무 품질을 유지하는 데 큰 도움이 된다.

다음으로, 빠르게 변화하는 환경에 대응하는 것이다. 팀원들이 변화에 적응하는 데 필요한 교육과 지원을 제공하는 것이 중요하다. 이는 팀원들이 변화를 받아들이고 적응하는 데 도움이 된다.

마지막으로, 회사의 성장 전략을 이해하고 이에 따라 행동하는 것이다. 팀장은 성장 전략을 명확하게 이해하고, 이를 팀원들에게 잘 전달해야 한다. 이를 위해 팀장은 성장 전략에 대한 교육을 받거나, 팀원들에게 설명하는 데 필요한 자료를 준비해야 한다.

이렇게 안정적인 시스템을 구축하는 것은 쉽지 않지만, 이런 방법들을 통해 가능하다. 이 과정에서 팀장의 역할이 중요하다는 것을 기억하자. 팀장은 팀원들의 업무량을 관리하고, 변화에 대응하는 교육과 지원을 제공하며, 성장 전략을 이해하고 전달하는 역할을 담당한다.

이러한 해결책들을 통해 우리 회사는 빠르게 성장하는 동시에 안정적인 시스템을 구축할 수 있다.

23
상대방을 이해하려면
어떤 점을 고려해야 할까요?

백팀장 : 요즘 팀워크에 문제가 있어 좀 더 잘 풀려면 서로를 이
해하는 게 중요한 것 같아서 이야기 좀 해 보려고 해.

김사원 : 네, 팀장님. 그렇다면 어떤 점을 고려해야 할까요?

백팀장 : 먼저, 상대방의 입장을 이해하려는 노력이 중요해. 상대
방이 뭘 느끼고, 어떻게 생각하는지를 이해하려는 거
지. 그래서 서로의 의견을 존중하고 이해하려는 태도가
필요해.

김사원 : 그런데 팀장님, 상대방의 감정을 어떻게 이해할 수 있을
까요?

백팀장 : 그건 '공감'을 통해 가능해. 상대방이 무슨 감정을 가지

고 있는지를 이해하고, 그 감정을 마치 내 감정처럼 느껴보는 거야. 그러려면 상대방이 무슨 말을 하려는지, 그 말을 통해 어떤 감정과 생각을 전달하려는 지를 잘 들어야 해. 그리고, 모두가 다른 배경을 가지고 있으니, 이를 다 이해하는 건 쉽지 않을 거야. 하지만 우리가 상대방을 이해하려고 노력한다면, 그들도 우리를 이해하려는 노력을 할거야. 이건 서로를 이해하며 더 좋은 관계를 만들어 가는데 도움이 될 거야.

김사원 : 그렇군요, 팀장님. 그럼 상대방의 행동과 말도 중요하게 고려해야 하나요?

백팀장 : 맞아. 상대방이 어떤 행동을 하고, 어떤 말을 하는지를 관찰하면 그들의 생각과 감정, 가치관을 이해하는데 도움이 될 거야. 이런 방법들을 통해 우리 팀은 더 좋은 관계를 만들어가고, 함께 성장해나갈 수 있을 거야. 이걸 잘 기억해두고, 실제 업무에서도 적용해봅시다.

◆ ◆ ◆

위의 대화를 통해 우리는 서로를 더 잘 이해하고, 팀워크를 향상시키는 방법에 대해 이야기해보려 한다.

첫 번째로, 상대방의 입장을 이해하려는 노력이 필요하다. 이는 상대방의 경험, 감정, 생각을 이해하려는 노력을 포함한다. 서로의 의견을 존중하고 이해하려는 태도를 가지려고 노력해야 한다. 이를 통해 팀의 분위기를 개선하고 팀원 간의 신뢰를 쌓을 수 있다.

그리고 상대방의 감정을 이해하려면 '공감'이 필요하다. 이는 상대방의 말을 잘 듣고, 그 말을 통해 전달하려는 감정과 생각을 이해하려는 노력이다. 이 과정에서 서로의 감정을 공유하고 이해하게 되면, 팀원 간의 유대감을 더욱 강화시킬 수 있다.

또한, 모두가 다른 배경을 가지고 있으니, 이를 다 이해하는 것은 쉽지 않다. 하지만, 서로를 이해하려는 노력을 하면, 그들도 우리를 이해하려는 노력을 할 것이다. 이렇게 상호 이해를 통해 더 나은 관계를 구축하는 것이 중요하다.

마지막으로, 상대방의 행동과 말을 관찰하는 것이 중요하다. 상대방의 행동과 말을 통해 그들의 생각과 감정, 가치관을 파악하는 것이다. 이를 통해 상대방을 더 잘 이해하고, 더 나은 관계를 구축할 수 있다.

24
어떻게 하면 일의 만족도를
높일 수 있을까요?

백팀장 : 김사원, 요즘 일의 만족도에 대해 생각해본 적 있어?

김사원 : 네, 백팀장님. 사실 가끔 일에 대한 만족도가 떨어질 때
　　　　　가 있어요.

백팀장 : 그런 거 같아? 그럼 일의 만족도를 높이려면 어떻게 해
　　　　　야 할까?

김사원 : 그게 잘 모르겠어요. 백팀장님은 어떻게 생각하세요?

백팀장 : 첫 번째로, 일에 대한 목표를 명확하게 설정하는 것이
　　　　　중요해. 목표가 불분명하면 일의 방향성을 잃기 쉬우니
　　　　　까 말이야.

김사원 : 그렇군요, 목표 설정이 중요하군요. 그럼 목표를 어떻게

설정하면 좋을까요?

백팀장 : SMART 원칙을 따라 목표를 설정하면 도움이 될 거야. 구체적이고, 측정 가능하며, 도전적이고, 관련성이 있으며, 시간제한이 있는 목표를 설정하는 거지.

김사원 : 목표 설정 외에는 어떤 방법이 있을까요?

백팀장 : 두 번째로, 자신의 역량을 개발하려는 노력이 필요해. 자신의 능력을 향상시키면 일의 만족도도 높아질 수 있거든.

김사원 : 그렇군요, 자신의 역량 개발이 중요하군요. 그러면 어떻게 역량을 개발할 수 있을까요?

백팀장 : 꾸준한 학습과 실습이 중요해. 새로운 지식을 습득하고, 그것을 실제 업무에 적용해보는 거야.

김사원 : 그 외에는 어떤 방법이 있을까요?

백팀장 : 세 번째로, 팀원들과의 원활한 커뮤니케이션도 중요해. 서로의 의견을 공유하고, 문제를 함께 해결하려는 노력을 해야 해.

김사원 : 그렇군요, 팀원들과의 커뮤니케이션도 중요하군요. 그럼 효과적인 커뮤니케이션을 위해 어떤 노력을 해야 할까요?

백팀장 : 서로의 의견을 존중하고, 상대방의 입장을 이해하려는 노력이 필요해. 그리고 피드백을 주고받는 것도 중요해.

이런 방법들을 통해 일의 만족도를 높일 수 있을 거야.

◆ ◆ ◆

일의 만족도를 어떻게 높일 수 있는지에 대해 깊이 있게 이야기해보려 한다.

첫 번째로, 일에 대한 목표를 명확하게 설정하는 것이 중요하다는 점을 알아차렸다. 목표가 불분명하면 일의 방향성을 잃기 쉽다. 이를 방지하기 위해 SMART 원칙을 따라 목표를 설정하는 것이 도움이 된다. 구체적이고, 측정 가능하며, 도전적이고, 관련성이 있으며, 시간 제한이 있는 목표를 설정해보면 어떨까? 이렇게 목표를 설정하면 일에 대한 동기부여를 얻을 수 있고, 일의 진행 상황을 쉽게 파악할 수 있다.

두 번째로, 자신의 역량을 개발하려는 노력이 필요하다는 것을 배웠다. 자신의 능력을 향상시키면 일의 만족도도 높아질 수 있다. 이를 위해 꾸준한 학습과 실습이 중요하다. 새로운 지식을 습득하고, 그것을 실제 업무에 적용해보는 것은 어떨까? 이렇게 하면 자신의 역량을 향상시킬 수 있고, 이는 일의 효율성을 높이는 데도 도움이 된다.

세 번째로, 팀원들과의 원활한 커뮤니케이션도 중요하다는 것을 알게 되었다. 서로의 의견을 공유하고, 문제를 함께 해결하려는 노력을 해야 한다. 이를 위해 서로의 의견을 존중하고, 상대방의 입장을 이해하려는 노력이 필요하며, 피드백을 주고받는 것도 중요하다. 피드백은 팀원들 사이의 이해를 높이고, 작업 효율성을 향상시키는 데 큰 도움이 된다.

마지막으로, 일의 만족도를 높이기 위해서는 자신의 일에 대한 열정도 중요하다. 자신의 일을 사랑하고, 그 일에 대한 열정을 가지고 있다면, 자연스럽게 일의 만족도가 높아질 것이다.

25
문제가 발생하기 전에 어떻게
소통을 통해 미리 대응할 수 있을까요?

백팀장 : 우리가 일을 하다 보면 가끔 문제가 발생하곤 해. 그런
데 이런 문제가 발생하기 전에 미리 대응할 수 있는 방
법이 있을까?

김사원 : 그게 어렵죠, 팀장님. 문제가 발생하기 전에 미리 알 수
있다면 좋겠지만, 그게 쉽지 않아요.

백팀장 : 그렇지. 하지만 소통을 통해 문제를 미리 예측하고 대응
하는 방법이 있어. 첫 번째로, 일정한 시간을 두고 팀원
들과의 회의를 통해 각자의 진행 상황을 공유하는 것
이 중요해.

김사원 : 그렇군요, 회의를 통해 진행 상황을 공유하면 문제를 미

리 발견할 수 있겠네요.

백팀장 : 맞아. 두 번째로는, 팀원들 간에 서로 피드백을 주고받
는 것이 중요해. 모두가 본인의 업무를 잘 진행하고 있
는지, 혹은 어떤 문제가 있을지를 파악하기 위해선 피
드백이 필요해.

김사원 : 그렇군요, 피드백을 통해 서로의 업무 상황을 파악하고
문제를 미리 알아차릴 수 있겠네요.

백팀장 : 그리고 세 번째로는, 각자의 역할과 책임을 명확히 하는
거야. 모두가 자신의 역할을 잘 이해하고, 그에 따른 책
임을 다하면 문제 발생을 최소화할 수 있어.

김사원 : 역할과 책임을 명확히 하면 서로의 기대치를 맞출 수
있겠군요. 그럼 문제 발생을 미리 예방할 수 있겠네요.

백팀장 : 마지막으로, 우리 팀의 목표와 비전을 잘 이해하고 공유
하는 것도 중요해. 이를 통해 우리 모두가 같은 방향을
향해 나아갈 수 있어.

김사원 : 목표와 비전을 공유하면 팀원들이 같은 방향으로 나아
갈 수 있겠군요. 그럼 문제를 미리 예방하고 효과적으
로 대응할 수 있겠네요.

백팀장 : 그렇지. 이런 방법들을 통해 문제가 발생하기 전에 미리
대응할 수 있게 되는 거야.

◈ ◈ ◈

위의 대화에서 알 수 있듯이 '문제가 발생하기 전에 어떻게 소통을 통해 미리 대응할 수 있을까?'라는 주제에 대해 이야기해보려 한다.

첫 번째로, 팀장이 언급하신 것처럼 일정한 시간을 두고 팀원들과의 회의를 통해 각자의 진행 상황을 공유하는 것이 중요하다. 이를 통해 우리는 각자가 진행하고 있는 업무의 상황을 파악하고, 잠재적인 문제를 미리 발견할 수 있다. 이는 문제가 발생하기 전에 미리 대응할 수 있는 좋은 방법이 될 수 있다.

두 번째로, 서로 간에 피드백을 주고받는 것을 통해 문제를 미리 예측하고 대응하는 방법이 있다. 피드백은 우리가 서로의 업무 상황을 파악하고, 혹시 모를 문제를 미리 발견할 수 있는 좋은 도구다. 아울러, 피드백을 통해 서로가 서로를 더 잘 이해할 수 있고, 이는 팀워크를 높이는데도 도움이 된다.

세 번째로, 각자의 역할과 책임을 명확히 하는 것이 중요하다. 모두가 자신의 역할을 잘 이해하고, 그에 따른 책임을 다하면 문제 발생을 최소화할 수 있다. 이는 팀원 간의 명확한 소통을 통해 이루어질 수 있는데, 이는 문제 발생을 미리 예방하고, 효과적으로 대응하는 데 큰 도움이 된다.

마지막으로, 우리 팀의 목표와 비전을 잘 이해하고 공유하는 것도 중요하다. 이를 통해 우리 모두가 같은 방향을 향해 나아갈 수 있다. 모두가 같은 목표와 비전을 공유하면, 팀원들 간의 의사소통이 원활해지고, 문제를 미리 예방하고 효과적으로 대응하는 데 도움이 된다.

26
업무시간에 스마트폰을 자주 확인하는
직원을 어떻게 관리해야 할까요?

백팀장 : 김사원. 잠깐 시간 좀 내줄 수 있을까?

김사원 : 네, 팀장님. 말씀하세요.

백팀장 : 요즘 업무시간에 스마트폰을 자주 확인하는 것 같아. 이에 대해 함께 이야기해보고 싶어.

김사원 : 아, 그렇군요. 사실 스마트폰을 자주 확인하는 이유는 업무간에 발생하는 메시지를 놓치지 않으려는 의도였어요.

백팀장 : 그런 의도라면 이해할 수 있어. 하지만 너무 자주 확인하는 건 업무 집중력을 흐트릴 수 있어. 그럼 어떻게 해결할 수 있을까? 함께 생각해보자.

김사원 : 그렇군요. 저도 그런 부분을 고려하지 못했어요. 어떻게 개선할 수 있을까요?

백팀장 : 우리가 필요한 건 균형이야. 소통도 중요하지만, 그것이 업무에 방해가 되면 문제가 되니까. 스마트폰을 일정 시간마다 확인하는 건 어때? 예를 들면 1시간에 한 번 씩이나.

김사원 : 그게 좋을 것 같아요. 그러면 업무에 집중하는 시간도 확보하고, 중요한 메시지도 놓치지 않을 수 있겠네요.

백팀장 : 좋아. 그럼 이대로 한 번 시도해보자. 그리고 이 변화가 업무에 어떤 영향을 미치는지 함께 지켜보는 거야. 어떻게 생각해?

김사원 : 네, 팀장님. 그런 방식으로 한 번 해보겠습니다. 그리고 변화의 효과를 주기적으로 공유하도록 하겠습니다.

백팀장 : 좋아. 그럼 함께 성장하는 데 도움이 되길 바래. 다시 한 번 열심히 해보자.

스마트폰을 자주 확인하는 팀원에 대한 이야기를 통해, 어떻게 상황을 개선하고 팀원의 성장을 돕는지 알아보자.

팀장은 먼저 팀원의 스마트폰 사용 패턴에 문제를 인지하고, 이를 팀원에게 직접 이야기한다. 이때 중요한 것은 팀장이 문제를 제기하되, 팀원의 입장을 이해하고 존중한다는 점이다. 팀장은 단지 문제를 지적하는 것이 아니라, 팀원과 함께 해결 방안을 모색하고 상황을 개선하려는 노력을 보여줘야 한다.

그리고 팀장은 팀원과 함께 문제 해결을 위한 방안을 고민한다. 이 경우에는 스마트폰을 일정 시간마다 확인하는 것으로 결정한다. 이는 업무에 집중할 수 있는 시간을 확보하면서도, 중요한 소통은 놓치지 않는 균형있는 해결책이 될 수 있다.

해결책을 도출한 후에도, 팀장은 팀원에게 이 변화가 어떤 영향을 미치는지 지켜보고 결과를 공유하도록 권한다. 이는 팀원이 자신의 행동 변화를 스스로 인지하고, 그 효과를 확인하게 하는 중요한 과정이다.

이렇게 코칭을 통해 문제를 인지하고, 해결 방안을 모색하며, 실행 계획을 세우는 과정을 통해 개인과 팀의 성장을 돕는 것이 가능하다. 이 과정에서 팀장은 팀원의 의견을 존중하며, 함께 문제를 해결하려는 태도를 보여야 한다. 그리고 팀원은 자신의 행동에 대해 반성하고, 개선 방안을 제시하며, 실천에 나설 수 있어야 한다.

27
불평이 많은 부서
그 원인은 무엇일까요?

백팀장 : 김대리. 잠시 시간 괜찮아?

김대리 : 네, 백팀장님. 무슨 일로 찾아오셨나요?

백팀장 : 요즘 우리 부서에서 불평이 좀 많이 나오는 것 같아서 그걸 함께 얘기해보고 싶어서 왔어.

김대리 : 아, 그렇군요. 사실 저도 그런 분위기를 느끼고 있었어요. 스트레스가 좀 많은 것 같아요.

백팀장 : 그렇다면, 이 문제를 해결하기 위한 방법에 대해 같이 이야기해보면 어떨까?

김대리 : 저도 그게 좋을 것 같아요. 먼저 불평의 원인을 찾아보는 것이 중요할 것 같아요.

백팀장 : 그게 좋을 것 같네. 그럼 우리가 가장 먼저 해야 할 일은 스트레스와 고민의 원인을 찾아보는 거야. 무엇이 우리 팀원들의 불평을 유발하는 요인일까?

김대리 : 제 생각에는 업무량과 업무 분배에 대한 불평이 가장 큰 원인이라고 생각해요.

백팀장 : 그럼 우리가 업무량과 업무 분배에 대한 문제를 어떻게 해결할 수 있을까?

김대리 : 업무량을 줄이는 것이 가장 좋을 것 같지만, 현실적으로 어려울 것 같아요. 그래서 업무를 효과적으로 분배하고, 팀원들의 업무 부담을 줄이는 방법을 찾아야 할 것 같아요.

백팀장 : 그렇다면, 업무 분배를 개선하기 위해 우리가 할 수 있는 방법은 무엇일까? 팀원들의 역량과 업무 부담을 고려하면서 업무를 재분배해야겠다.

김대리 : 그게 좋을 것 같아요. 그리고 팀원들이 서로 돕고 협력할 수 있는 환경을 만드는 것도 중요하다고 생각해요.

백팀장 : 좋아. 그럼 이대로 한 번 시도해보자. 그리고 이 변화가 우리 팀에 어떤 영향을 미치는지 함께 지켜보는 거야. 어떻게 생각해?

김대리 : 네, 백팀장님. 그런 방식으로 한 번 해보겠습니다. 그리

고 변화의 효과를 주기적으로 공유하도록 하겠습니다.

백팀장 : 그래, 김대리. 그럼 우리 함께 이 문제를 해결해 나가보

자. 변화의 효과를 기대해 볼게.

◆ ◆ ◆

부서 내에서 발생한 문제점과 그에 대한 해결책, 그리고 앞으로 나아가야 할 방향에 대해 이야기해보려 한다.

먼저, 어떤 문제든 그 원인을 명확히 파악하는 것이 첫 걸음인데, 이번 경우에서는 업무량과 업무 분배에 대한 불만이 문제의 주 원인으로 드러났다. 이것이 우리에게 보여주는 교훈은 문제의 원인을 분명히 이해하고 그를 개선하기 위한 노력이 필수적이라는 것이다.

따라서 우리는 업무 분배를 개선하는 방향으로 해결책을 찾아가야 하는데, 이때 팀원들의 역량과 업무 부담을 고려하면서 업무를 재분배한다는 것이 중요하다. 더불어 팀원들이 서로를 돕고 협력할 수 있는 환경을 만드는 것도 중요한데, 이렇게 하면 팀원 간의 이해가 높아지고 업무 부담을 공유할 수 있게 된다.

그런 다음 이러한 변화가 일어난 후에는 이 변화가 팀에 어떤 영향을 미치는지 지켜보고 그 효과를 주기적으로 공유한다는 것

이 중요하다. 이는 변화의 효과를 스스로 인지하고 그 효과를 확인하며 계속해서 개선해 나가는 과정이 필요함을 보여준다.

여기서 배워야 할 중요한 점은 문제를 해결하기 위해서는 먼저 문제의 원인을 파악하고 그 원인을 해결하는 방안을 모색한 후, 그 방안을 실행하고 그 효과를 평가하는 과정이 필요하다는 것이다. 이 과정은 코칭의 핵심 과정이기도 하다.

마지막으로 이런 코칭의 과정을 통해 우리는 팀의 문제를 해결하고, 더 나아가 팀의 성장을 돕는 것이 가능하다. 그럼 이제 우리 모두가 이런 방식을 적용해보면 어떨까? 함께 이 문제를 해결해 나가는 것이 우리의 목표다. 이를 위해 각자의 역할에 최선을 다하며 협력해 나가는 것이 중요하다는 것을 잊지 말아야 한다.

28
칭찬에도 기술이
필요한 이유는 무엇일까요?

백팀장 : 안녕, 김대리. 잠시 시간이 괜찮아?

김대리 : 네, 백팀장님. 오늘은 무슨 일로 찾아오셨나요?

백팀장 : 김대리의 생각을 듣고 싶어서 왔어. '칭찬에도 기술이
　　　　 필요하다'라는 말을 들어 본 적 있어?

김대리 : 네, 들어본 적은 있지만 정확히 어떤 의미인지는 잘 모
　　　　 르겠습니다.

백팀장 : 그래. 이 말이 의미하는 바는 칭찬이라는 것이 그냥 좋
　　　　 은 말을 하는 것만으로 충분하지 않다는 것이야. 칭찬
　　　　 에는 적절한 방법과 타이밍, 그리고 그 내용이 필요하
　　　　 다는 거지.

김대리 : 그런데 왜 그렇게 구체적으로 칭찬해야 하는 건가요?

백팀장 : 좋은 질문이야. 그건 칭찬의 본질적인 목적 때문이야. 우리가 왜 다른 사람을 칭찬하나 생각해봐. 그 사람의 성과나 행동을 인정하고, 그렇게 계속 행동하도록 독려하려는 의도에서 오는 거잖아.

김대리 : 그럼 칭찬이 잘못되면 어떤 문제가 생기나요?

백팀장 : 잘못된 칭찬은 오히려 역효과를 낼 수 있어. 예를 들어, '너는 항상 일을 잘 해'와 같은 칭찬은 너무 포괄적이고 구체적이지 않아서, 실제로 어떤 행동을 칭찬하는지 이해하기 어렵지. 또한, 사람들은 이런 칭찬이 진심에서 오는 것인지 의심할 수 있어. 이런 상황에서는 칭찬의 효과가 떨어질 수 있으며, 심지어는 신뢰를 상실할 수도 있어.

김대리 : 그럼 어떻게 칭찬해야 좋은 결과를 얻을 수 있나요?

백팀장 : 칭찬은 구체적이고 직접적이어야 해. 예를 들어, '너는 이 프로젝트에서 이런 부분을 잘 해서 큰 도움이 됐어'라는 식으로 말이야. 이렇게 하면 그 사람은 어떤 행동이 긍정적인 결과를 가져올 수 있는지 구체적으로 이해할 수 있어. 그리고 칭찬은 적절한 타이밍에 해야 해. 바로 행동이나 성과가 나타난 직후에 칭찬하면 그 효과

가 극대화되거든.

김대리 : 아, 그런 의미였군요. 좀 더 구체적이고 적시에 칭찬하는
것이 중요하다는 걸 이해했습니다. 감사합니다.

백팀장 : 그래, 잘 이해했어. 칭찬도 하나의 기술이야. 그리고 이
런 기술을 통해 우리 팀이 더욱 성장할 수 있기를 기대
할게. 김대리도 앞으로 이런 점을 기억하면서 칭찬하는
습관을 길러보면 어떨까? 그렇게 하면 너의 칭찬이 팀
원들에게 더 큰 동기를 부여할 수 있을 거야.

칭찬이란 그저 좋은 말을 하는 것만으로 충분하지 않다. 적절
한 방법, 타이밍, 그리고 내용이 중요하다는 것이다.

우선, 칭찬은 구체적이고 직접적으로 이루어져야 한다. '항상
일을 잘 한다'는 너무나 포괄적인 칭찬보다는 '이 프로젝트에서
이 부분을 잘 해 큰 도움이 됐다'라는 구체적인 칭찬이 더 효과적
이다. 이런 방식으로 칭찬하면, 칭찬을 받는 사람은 어떤 행동이
좋은 결과를 가져온 것인지 명확하게 이해할 수 있다.

두 번째로, 칭찬은 적절한 타이밍에 이루어져야 한다. 특히, 바
로 행동이나 성과가 나타난 직후에 칭찬하는 것이 효과적이다.

그러나, 잘못된 칭찬은 오히려 역효과를 낼 수 있다. 너무 포괄적이고 구체적이지 않은 칭찬은 어떤 행동을 칭찬하는지 이해하기 어렵게 만들고, 이런 칭찬이 진심에서 오는 것인지 의심하게 만든다. 이런 상황은 칭찬의 효과를 떨어뜨리고, 심지어는 신뢰를 상실하게 만들 수 있다.

그렇다면 우리는 어떻게 해야 할까? 칭찬을 하나의 기술로 보고, 이 기술을 통해 팀이 성장하도록 돕는 것이다. 구체적이고 적시에 칭찬하는 것을 습관화해보는 것은 어떨까? 이렇게 하면, 칭찬은 팀원들에게 더 큰 동기를 부여하게 될 것이다.

29
팀원과 크게 다퉜을 때,
서먹한 관계를 어떻게 풀 수 있을까요?

백팀장 : 김사원, 우리 얼마 전에 의견 충돌이 있었던 그 일에 대
　　　　　해서 한번 얘기해보려고 하는데 어때?

김사원 : 네, 그 이후로 좀 어색하긴 했는데요. 이야기해보는 것
　　　　　도 좋을 것 같아요.

백팀장 : 맞아, 의견 충돌은 어차피 일하는 과정에서 발생하는
　　　　　거니까. 그런데 그 뒤로 서로 대화하는 게 어려워진 건
　　　　　문제야. 그래서 오늘은 그 문제를 어떻게 해결할 수 있
　　　　　을지에 대해 같이 이야기해보려고 하는 거야.

김사원 : 그럼요, 좋습니다. 제가 느낀 것은…

백팀장 : 그럼, 김사원이 생각하기에 이 상황을 어떻게 만회할 수

있을까?

김사원 : 저는 제 의견을 말하려고 했을 때, 제 의견에 대해 충분히 들어주지 않았다고 느꼈어요. 제 의견을 무시하거나 가볍게 여기는 것 같아서 상처받았죠.

백팀장 : 그런 느낌을 받았다니 정말 미안하게 생각해. 나는 김사원의 의견을 중요하게 생각하고 있어. 앞으로는 김사원의 의견에 대해 더욱 잘 듣고 이해하려고 노력할께. 그리고 김사원, 이런 상황이 다시 발생하지 않도록 나도 노력할 테니, 김사원도 좀 더 적극적으로 의견을 말해주면 좋겠어.

김사원 : 네, 알겠습니다. 앞으로는 좀 더 적극적으로 의견을 말하도록 노력하겠습니다.

◆ ◆ ◆

백팀장과 김사원 사이에 벌어진 대화를 통해 우리는 어떤 문제가 있었고, 그 문제를 어떻게 해결하려 했는지 살펴보았다. 이 대화를 통해 우리는 어떤 해결책을 찾을 수 있었을까? 그리고 앞으로 어떤 점을 개선해 나갈 수 있을까?

첫 번째로, 백팀장은 김사원의 감정을 존중하고 이해하려는 노력을 보여주었다. 감정을 존중하고 이해하는 것은 서로간의 신뢰를 쌓는 데 큰 도움이 된다. 특히, 갈등 상황에서는 이런 노력이 더욱 중요하다. 감정을 이해하려고 노력하는 것이 갈등을 해결하는 첫걸음이라는 것을 잊지 말아야 한다.

그리고 백팀장은 김사원의 의견에 대해 충분히 듣지 않았다는 점을 인정하고 사과했다. 이것은 팀장의 역할 중 하나인 팀원의 의견을 듣고 이해하는 것을 잘 보여주는 예시다. 팀장이 팀원의 의견을 존중하고 그것을 중요하게 생각한다는 것을 보여주는 것은, 팀원이 팀에 대한 소속감을 느끼고, 자신의 의견을 적극적으로 말하도록 독려하는 데 중요한 역할을 한다.

하지만 이것만으로는 충분하지 않다. 앞으로의 팀워크를 위해서는 더 많은 노력이 필요하다. 백팀장과 김사원은 앞으로 서로의 의견을 더 적극적으로 듣고 말하려는 노력을 다짐했다. 이것은 팀의 의사소통을 원활하게 하고, 서로의 의견을 존중하며, 팀의 성과를 높이는 데 중요한 역할을 한다.

이런 대화를 통해 우리는 갈등이 발생했을 때, 그것을 어떻게 해결하고 더 나아가는 방법을 배울 수 있다. 갈등은 불가피하게 발생하는 일이지만, 그것을 잘 해결하고 이해하려는 노력을 통해 팀워크를 더욱 강화할 수 있다는 것을 잊지 말아야 한다.

30
잘 듣는 방법은 무엇일까요?

백팀장 : 김사원, 오늘은 '잘 듣는 방법'에 대해 이야기해보려고
해. 아무래도 팀에서 의사소통이 중요하다 보니, 이 부
분에 대해 함께 이야기하면 좋을 것 같다고 생각해.

김사원 : 그러면 좋을 것 같아요. 많은 사람들이 '잘 듣는다'는 것
이 얼마나 중요한지를 모르는 것 같아요.

백팀장 : 맞아, '잘 듣는다'는 것은 말 그대로 상대방의 말을 귀담
아 듣는 거야. 그런데 이것은 생각보다 어려운 일이지.
왜냐하면 우리는 자신의 생각에 집중하다 보면 다른
사람의 말에 귀를 기울이지 않기 때문이야.

김사원 : 그렇다면, '잘 듣는다'는 것에 대해 좀 더 구체적으로 알

려주실 수 있나요?

백팀장 : 물론이야. '잘 듣는다'는 것은 먼저 상대방의 말을 끝까지 듣는 것부터 시작해. 상대방이 말하는 동안 우리는 자신의 생각을 잠시 멈추고, 상대방의 의견에 전적으로 집중해야 해. 또한, 상대방의 말을 이해하려고 노력해야 해. 상대방의 말을 마냥 받아들이는 것이 아니라, 그 말이 어떤 의미를 가지는지, 그리고 그 말을 통해 상대방이 어떤 생각을 가지고 있는지를 파악하는 것이 중요해. 그리고 가장 중요한 것은, 상대방의 말을 존중하는 자세를 가져야 한다는 거야. 상대방의 의견이 자신과 다르더라도 그것을 존중하고, 그 의견에 대해 이해하려는 노력을 기울여야 해.

김사원 : 그렇군요. 그럼 실제로 이런 '잘 듣는다'는 자세를 어떻게 실천할 수 있을까요?

백팀장 : 우선, 상대방이 말하고 있는 동안은 그에게 집중하려고 노력해. 그리고 상대방의 말을 끝까지 들은 후에는 그에게 피드백을 주는 것이 좋아. 예를 들어 '너는 이런 생각을 가지고 있는 거야?'라고 물어보는 거야. 이렇게 하면 상대방은 자신의 생각이 잘 전달되었다고 느낄 수 있어. 그리고 무엇보다, 상대방의 의견을 존중해주어야

해. 상대방의 의견이 자신과 다르더라도 그 의견을 인정하고, 그것을 이해하려는 노력을 기울여야 해. 이것이 바로 '잘 듣는다'는 것의 핵심이야.

김사원 : 그렇군요. '잘 듣는다'는 것이 이런 것이었군요. 감사합니다, 백팀장님.

◆ ◆ ◆

백팀장과 김사원의 대화를 통해 '잘 듣는다'는 것이 무엇인지, 그리고 그것을 어떻게 실천할 수 있는지에 대해 알아보았다. 이 대화를 통해 우리는 어떤 해결책을 찾을 수 있었을까? 그리고 앞으로 어떤 점을 개선해 나갈 수 있을까?

첫 번째로, '잘 듣는다'는 것은 상대방의 말을 끝까지 듣는 것, 그리고 그 말을 이해하려는 노력이다. 이는 의사소통의 기본이며, 이것을 통해 우리는 상대방의 의견을 정확하게 이해하고 그에 대한 피드백을 줄 수 있다. 이것이 바로 해결책 중 하나다.

그리고, 상대방의 말을 존중하는 태도도 중요하다. 상대방의 의견이 자신과 다르더라도 그것을 존중하고 그 의견에 대해 이해하려는 노력이 필요하다. 이것이 바로 '잘 듣는다'는 것의 핵심이며, 이것을 실천함으로써 우리는 더 나은 의사소통과 팀워크를 이룰 수 있다.

  하지만 이것만으로는 충분하지 않다. 앞으로의 팀워크를 위해
서는 더 많은 노력이 필요하다. 우리는 상대방의 말을 듣는 것 뿐
만 아니라, 그것을 이해하고 그에 대해 피드백을 주려는 노력도
필요하다. 이것은 팀의 의사소통을 원활하게 하고, 서로의 의견
을 존중하며, 팀의 성과를 높이는데 중요한 역할을 한다.

PART 3

코칭을 위한 다섯 가지 핵심 스킬

01
경청 스킬

경청 스킬이란 상대방의 말을 진정으로 이해하려는 노력을 포함하는 커뮤니케이션 스킬이다. 이는 단순히 말을 듣는 것이 아니라, 상대방의 말뿐만 아니라 감정과 몸짓, 표정 등 비언어적 신호까지 파악하는 것을 의미한다. 상대방의 의견을 존중하고, 그들이 자신의 생각과 감정을 편안하게 표현할 수 있도록 하는 것이 중요하다. 또한, 질문을 통해 상대방의 이야기를 더 깊이 이해하려는 노력도 필요하다. 이런 경청 스킬은 대화 상대방과의 신뢰 관계를 구축하고, 더 효과적인 커뮤니케이션을 가능하게 한다.

첫째, 코칭은 본질적으로 코치와 클라이언트 사이의 대화를 통해 이루어지는 과정이다. 이 대화의 핵심은 '경청'이다. 코치의 역할 중 하나는 클라이언트가 자신의 생각과 감정을 자유롭게 표현하고, 자신의 문제와 목표에 대해 깊이 있게 고민하도록 돕는 것이다. 이는 클라이언트의 자기 인식을 높이고, 자기 주도적인 변화를 이끌어내는데 중요한 역할을 한다.

경청 스킬이 중요한 이유는, 코치가 클라이언트의 말을 진심으로 경청함으로써 클라이언트로 하여금 자신의 이야기를 더욱 솔직하게 나누게 하고, 그로 인해 자신의 문제를 더욱 명확하게 인식하게 만드는 것이다. 이런 과정을 통해 클라이언트는 자신의 문제의 본질을 이해하게 되고, 이를 바탕으로 적절한 해결 방안을 찾아나갈 수 있게 된다.

따라서, 코치의 경청 스킬은 클라이언트의 자기 인식을 높이는데 중요한 역할을 하며, 이는 코칭 과정에서의 핵심적인 요소다. 코치가 클라이언트의 말을 진심으로 경청하면서 적절한 피드백과 질문을 제공함으로써, 클라이언트는 자신의 문제를 명확하게 인식하고 해결 방안을 찾아나가는 과정을 경험하게 된다. 이런 과정은 클라이언트의 성장과 발전을 촉진하며, 코칭의 목표 달성에 크게 기여하게 된다.

두 번째로, 경청은 코치가 클라이언트를 깊이 이해하는 데 있어 가장 중요한 도구다. 클라이언트의 이야기를 세밀하게 들을 때, 그들의 감정, 동기, 가치를 알아차릴 수 있으며, 이 정보는 코치가 클라이언트에게 최적의 코칭 방식을 제공하는 데 도움이 된다.

코치가 클라이언트의 말에 귀를 기울임으로써, 그의 문제점이 무엇인지, 어떤 목표를 향해 나아가고 있는지, 그리고 그 과정에서 무엇이 장애물이 되고 있는지를 이해하게 된다. 이런 이해력은 코치가 효과적인 피드백과 질문을 제공하며, 클라이언트가 자신의 문제를 스스로 해결하는 방향으로 이끌어 가는 데 필수적이다.

더불어, 코치가 클라이언트의 감정, 동기, 가치를 파악하게 되면, 이는 클라이언트의 필요와 상황에 맞는 개별적인 코칭 방법을 찾아내는 데 중요한 역할을 한다. 코칭이 개별 맞춤형 서비스라는 점을 고려하면, 이런 접근법은 코칭의 효과를 극대화하고, 클라이언트의 성장을 돕는 데 큰 도움이 된다.

세 번째로, 코치가 클라이언트의 이야기를 세심하게 들어주는 경청 과정은 코치와 클라이언트 사이의 신뢰 관계를 구축하는 데 중요한 역할을 한다. 클라이언트는 자신의 이야기를 진심으로 들어주는 코치에게 신뢰감을 느끼게 된다. 이런 신뢰 관계는 코칭의 효과를 높이는 핵심 요소다.

경청은 코칭 과정에서 중요한 상호작용이다. 코치가 클라이언트의 이야기에 귀를 기울이고, 그것을 이해하려고 노력하면 클라이언트는 존중받는다는 감정을 느끼게 된다. 이는 코치와 클라이언트간의 신뢰 관계를 빠르게 형성하고, 이 관계는 코칭 과정에서 매우 중요하다.

신뢰 관계가 형성되면 클라이언트는 코치에게 더욱 열릴 수 있게 되고, 자신의 문제와 목표에 대해 더욱 깊이 있고 진술하게 이야기하게 된다. 또한, 코치에 대한 신뢰는 클라이언트가 코치의 피드백과 조언을 받아들이는 데 도움이 된다. 이렇게 신뢰 관계가 코칭의 효과를 높이는 방식으로 작용하는 것이다.

네 번째로, 코치가 클라이언트의 이야기를 깊이 이해하고 경청하는 것은 클라이언트가 필요한 변화의 시작점이 될 수 있다. 이 과정을 통해 클라이언트는 자신의 문제점에 대한 이해를 얻게 되며, 이는 자신의 문제 해결과 목표 달성에 있어 중요한 첫 걸음이 될 수 있다.

코치의 경청은 클라이언트에게 그들의 생각과 감정을 표현하는 기회를 제공하며, 이를 통해 클라이언트 스스로가 자신의 문제점과 목표를 더욱 명확하게 이해하게 된다. 이렇게 문제점을 인식하게 된 클라이언트는 이를 바탕으로 변화를 시작할 수 있다.

즉, 경청은 클라이언트가 자신의 문제점을 인식하고, 이를 해결하기 위한 방향을 찾는 데 중요한 역할을 한다. 이런 변화의 시작은 클라이언트가 자신의 문제를 해결하고, 목표를 달성하는 데 결정적인 첫 단계가 된다.

02
자기관리 스킬

자기관리 스킬이란, 자신의 감정, 행동, 그리고 시간 등을 효과적으로 관리하는 능력을 말한다. 이는 우리의 생활에서 중요한 역할을 하는데, 이를 통해 우리는 더 나은 결정을 내리고, 우리의 목표를 향해 효과적으로 나아갈 수 있다.

먼저, 감정 관리는 우리가 자신이 느끼는 감정을 인식하고, 그 감정을 관리하는 능력이다. 이는 우리가 스트레스 상황에서도 침착함을 유지하고, 기분의 변화에 따라 생기는 생각이나 행동을 제어하는 데 도움을 준다. 이는 우리가 일상생활에서 부딪히는 다양한 상황을 잘 대처하고, 건강한 관계를 유지하는 데 필수적이다.

다음으로, 행동 관리는 우리가 자신의 행동을 조절하고, 그 행동이 우리의 목표 달성에 어떻게 영향을 미치는지 이해하는 능력이다. 이는 우리가 효과적으로 행동하고, 우리의 목표를 향해 나아가는 데 중요한 역할을 한다.

마지막으로, 시간 관리는 우리가 우리의 시간과 에너지를 효과적으로 활용하여, 우리의 목표를 달성하는 데 필요한 일을 잘 처리하는 능력이다. 이는 우리가 일상생활에서 많은 일을 처리하고, 우리의 목표를 향해 효과적으로 나아가는 데 중요한 역할을 한다.

코칭의 관점에서 보면, 이러한 자기관리 스킬은 매우 중요하다. 코치는 자신의 감정을 관리하고, 자신의 행동을 조절하며, 자신의 시간을 효과적으로 활용할 수 있어야 한다. 이를 통해 코치는 자신의 역할을 잘 수행하고, 클라이언트를 더욱 잘 돕는 데 도움이 된다. 또한, 코치는 클라이언트가 자신의 자기관리 스킬을 개발하는 데 도움을 줄 수 있다. 이를 통해 클라이언트는 자신의 목표를 향해 더욱 효과적으로 나아갈 수 있다.

리더의 자기관리 스킬이 팀에 미치는 영향

첫째, 리더의 감정 상태와 행동은 팀의 분위기에 큰 영향을 미친다. 리더가 긍정적인 태도를 보이고, 안정된 감정 상태를 유지하면, 이는 팀의 분위기를 밝게 만들고 팀원들의 업무에 대한 긍정적인 태도를 불러일으킨다. 반대로, 리더가 부정적인 감정을 표출하거나 불안정한 상태라면, 이는 팀의 분위기를 악화시키고 팀원들의 업무에 대한 태도를 부정적으로 만들 수 있다.

둘째, 리더의 자기관리 능력은 팀원들에게 좋은 모범을 보여줄 수 있다. 리더가 시간을 잘 관리하고, 스트레스를 적절하게 조절하며, 감정을 잘 관리한다면, 이는 팀원들에게도 같은 습관을 갖도록 권장하는 효과가 있다. 이렇게 리더가 모범을 보임으로써 팀원들도 자신의 행동을 개선하고, 업무 수행 능력을 향상시킬 수 있다.

셋째, 리더의 자기관리 능력은 리더 자신의 리더십 효과를 높인다. 리더가 자신의 감정과 행동을 잘 관리하면, 더욱 명확하고 일관된 메시지를 전달할 수 있다. 이는 팀원들이 리더의 의도와 방향을 더 잘 이해하고, 그에 따라 행동할 수 있게 만든다. 이를 통해 리더는 팀원들의 믿음과 신뢰를 얻을 수 있다.

이처럼, 리더의 자기관리 스킬은 팀의 분위기를 조성하고, 팀원들에게 모범을 보이며, 리더 자신의 리더십을 효과적으로 발휘하는 데 중요한 역할을 한다.

◆ ◆ ◆

리더의 자기관리 스킬과 그것이 팀에 미치는 영향에 대한 실제 사례를 들어보자.

한 IT 회사의 팀장인 A씨의 사례를 생각해보자. A씨는 프로젝트의 마감 기한이 다가오면서 스트레스를 많이 받았다. 이 스트레스는 그의 행동에도 영향을 미쳤고, 그로 인해 팀의 분위기도 악화되었다. 팀원들은 A씨의 스트레스가 높아질수록 그의 행동이 예측 불가능해지고, 그로 인해 자신들도 스트레스를 받게 되었다.

이 상황이 계속되자, A씨는 자신의 행동이 팀에 어떤 영향을 미치는지 인지하게 되었다. 그는 자신의 스트레스를 관리하는 방법을 찾기 위해 코칭을 받기로 결정했다.

코칭 과정에서 A씨는 자신의 감정을 인식하고 관리하는 방법, 그리고 스트레스 상황에서도 효과적으로 행동하는 방법을 배웠다. 그는 이러한 자기관리 스킬을 통해 자신의 스트레스를 더 잘 관리하게 되었고, 이는 그의 행동과 팀의 분위기에도 긍정적인 영향을 미쳤다.

A씨의 행동이 변하자, 팀원들도 그의 행동을 본받아 자신들의 스

트레스를 더 잘 관리하게 되었다. 결과적으로, 팀 전체의 성과가 향상되었다.

이 사례를 통해 볼 수 있듯이, 리더의 자기관리 스킬은 팀의 분위기와 성과에 큰 영향을 미친다. 리더가 자신의 감정과 행동을 잘 관리하면, 이는 팀 전체의 성과를 향상시키는 데 중요한 역할을 한다.

03
질문 스킬

질문 스킬은 코칭 과정에서 매우 중요한 역할을 하는데, 이는 코치가 클라이언트의 생각과 감정, 목표 등을 이끌어내는 데 필수적인 도구이다. 좋은 질문은 클라이언트가 자신의 상황을 더 깊게 이해하고, 그에 따른 행동 계획을 세우는 데 도움을 준다.

질문 스킬을 효과적으로 사용하기 위해서는 먼저, 코치가 클라이언트의 상황과 목표를 이해하려는 진심은 태도가 필요하다. 이를 위해 코치는 열린 마음으로 클라이언트의 이야기를 경청하고, 그들의 관점을 이해하려고 노력해야 한다. 이런 태도는 코치가 클라이언트에게 더 깊이 있는 질문을 제시하고, 그들의 생각과 감정을 더 잘 이해하도록 돕는다.

또한, 코치는 다양한 유형의 질문을 활용해야 한다. 예를 들어, '열린 질문'은 클라이언트가 자신의 생각과 감정을 자유롭게 표현하도록 돕는다. 반면, '닫힌 질문'은 특정 정보를 빠르게 얻거나, 클라이언트의 생각을 구체화하는 데 도움을 준다.

마지막으로, 코치는 질문을 통해 클라이언트가 자신의 문제와 목표를 더 잘 이해하고, 그에 따른 행동 계획을 세우는 데 도움을 줘야 한다. 이를 위해 코치는 '탐색적 질문', '반성적 질문', '도전적 질문' 등을 활용해 클라이언트의 생각과 감정, 목표 등을 다양한 관점에서 살펴보도록 돕는다.

코칭 사례를 통해 본 질문 스킬의 힘

B씨는 새로운 책임을 맡게 된 팀장으로, 팀을 관리하는데 어려움을 겪고 있었다. 그는 팀원들과의 관계와 팀의 성과에 대한 걱정으로 스트레스를 받았다.

이런 상황에서 코치는 B씨에게 여러 가지 질문을 통해 그의 문제를 더 깊이 이해하도록 도왔다. "어떤 상황에서 가장 스트레스를 느낀다?", "그 상황을 어떻게 대처하고 싶다?", "그것을 달성하기 위해 필요한 것은 무엇이라고 생각한다?" 등의 질문을 제시했다.

이러한 질문들은 B씨가 자신의 문제를 더 명확하게 인식하고, 그에 대한 해결책을 찾는 데 도움을 줬다. 또한, 이는 B씨가 자신의 상황을 다양한 관점에서 보고, 그에 따른 행동 계획을 세우는 데 도움을 줬다.

　결과적으로, B씨는 코치의 질문을 통해 자신의 문제와 목표에 대해 더 깊이 이해하게 되었고, 그에 따른 행동 계획을 세우는 데 성공했다. 이를 통해 B씨는 팀을 더 효과적으로 관리하고, 그의 스트레스를 감소시키는 방법을 찾을 수 있었다.

04
직관 스킬

직관 스킬은 코치가 자신의 내면적 감각, 즉 '직관'을 활용하여 클라이언트의 미묘한 신호나 패턴을 감지하고 이해하는 능력을 말한다. 이 스킬은 코칭 과정에서 매우 중요한 역할을 하는데, 이는 코치가 클라이언트의 말뿐만 아니라 그들의 몸짓, 표정, 음성 톤 등 비언어적인 신호를 이해하고, 그로부터 클라이언트의 진짜 감정이나 문제를 감지하는 데 도움이 되기 때문이다.

직관 스킬을 효과적으로 사용하기 위해서는 먼저, 코치가 자신의 직관을 신뢰하고 사용하는 데 익숙해져야 한다. 이를 위해 코치는 자신의 감정과 생각을 주의 깊게 관찰하고, 그것들이 어떤 신호를 주는지 이해하려고 노력해야 한다.

또한, 코치는 자신의 직관과 클라이언트의 반응 사이의 관계를 이해하는 데 중요한 역할을 한다. 예를 들어, 코치가 클라이언트가 말하는 내용과 그의 몸짓이나 표정 사이에 일관성이 없음을 느낄 때, 코치는 이를 통해 클라이언트가 자신이 인식하지 못한 문제나 감정을 가지고 있음을 감지할 수 있다. 이럴 때, 코치는 "정말로 괜찮은 건지 다시 한번 확인해봐도 될까요?"와 같은 질문을 통해 클라이언트가 자신의 진짜 감정을 인식하도록 도와줄수 있다.

직관 스킬은 코치가 클라이언트를 더욱 깊게 이해하고, 그들의 개인적이고 전문적인 성장을 돕는 데 중요한 도구이다. 이 스킬을 통해 코치는 클라이언트가 자신의 문제와 감정을 더 명확하게 인식하고, 그에 따른 효과적인 해결책을 찾는 데 도움을 줄 수 있다.

직관을 활용한 코칭 스킬

A씨는 직장에서 스트레스를 많이 받고 있으며 이에 대해 코칭을 받기로 결정했다. 그는 자신이 스트레스를 받는 이유를 정확히 모르며, 단지 일이 너무 많아서 그런 것 같다고 느낀다.

코치는 A씨와의 대화 중, A씨가 특정 동료에 대해 이야기할 때마다 몸짓이 긴장되고, 목소리가 높아지는 것을 눈치챘다. 여기서 코치는 직관 스킬을 활용하여, A씨의 스트레스가 일의 양뿐만 아니라 그 동료와의 관계에서도 비롯되고 있을 수 있다는 가능성을 감지했다.

이에 코치는 "그 동료에 대해 어떻게 느끼나요?"라는 질문을 통해 A씨가 그 동료와의 관계에 대한 감정을 더 잘 이해하도록 도왔다. 결과적으로, A씨는 이 동료와의 관계가 자신의 스트레스에 크게 기여하고 있음을 인식하게 되었고, 이에 대한 해결책을 찾는 데 도움이 되었다.

이처럼, 직관 스킬은 코치가 클라이언트의 진짜 문제나 감정을 감지하고, 그에 따른 적절한 질문을 제시하는 데 중요한 역할을 한다.

05
확인 스킬

확인 스킬이란, 코치가 클라이언트의 이야기를 정확히 이해하고 있는지 확인하는 능력을 말한다. 이 스킬은 코치가 클라이언트의 말을 잘 듣고, 그것을 정확히 이해하고, 그에 따라 적절한 질문을 제시하거나 피드백을 주는 데 중요한 역할을 한다.

코칭의 관점에서 본다면, 확인 스킬은 매우 중요하다. 이는 코치가 클라이언트의 이야기를 정확히 이해하고, 그에 따라 적절한 코칭 전략을 세우는 데 필수적이기 때문이다. 또한, 이는 코치가 클라이언트의 진짜 문제나 목표를 더 잘 이해하고, 그에 따른 효과적인 해결책을 찾는 데 도움을 준다.

확인 스킬을 사용하는 방법 중 하나는 '반복'이다. 코치는 클라이언트의 말을 요약하거나 다시 말해보며 그것을 정확히 이해하고 있는지 확인할 수 있다. 예를 들어, 클라이언트가 어떤 문제에 대해 이야기했다면, 코치는 "그러니까, 당신이 말하는 문제는 … 이라는 것이 맞나요?"라고 물어볼 수 있다.

다른 방법으로는 '명확화'가 있다. 코치는 클라이언트의 말 중 모호하거나 이해하기 어려운 부분에 대해 더 자세히 물어봄으로써 그것을 명확하게 이해하려고 노력할 수 있다. 예를 들어, 클라이언트가 "일이 너무 힘들다"고 말했다면, 코치는 "어떤 부분이 특히 힘든지 좀 더 자세히 설명해주실 수 있나요?"라고 물어볼 수 있다.

코칭 과정에서의 피드백과 확인 스킬의 중요성

먼저, '피드백'은 코칭 과정에서 중요한 역할을 한다. 피드백은 코치가 클라이언트에게 그들의 생각, 감정, 행동 등에 대한 의견이나 관찰 결과를 제공하는 것을 말한다. 이는 클라이언트가 자신의 생각과 행동에 대한 새로운 관점을 얻고, 그에 따라 자신의 문제나 목표에 대해 더 잘 이해하도록 돕는다. 예를 들어, 클라이언트가 어떤 문제를 해결하는 데 어려움을 겪고 있다면, 코치는 그들의 문제 해결 방식에 대한 피드백을 제공함으로써 새로운 해결책을 찾는 데 도움을 줄 수 있다.

다음으로, '확인 스킬'은 코칭 과정에서 매우 중요한데, 이는 코치가 클라이언트의 말을 잘 듣고, 그것을 정확히 이해하고, 그에 따라 적절한 피드백을 제공하거나 질문을 제시하는 데 필수적이기 때문이다.

클라이언트가 어떤 목표에 대해 이야기했다면, 코치는 "그러니까, 당신의 목표는 …이라는 것이 맞나요?"라고 물어보며 그것을 확인할 수 있다. 또한, 클라이언트가 코치의 피드백에 대해 어떻게 생각하는지 물어보는 것도 확인 스킬의 일부이다.

따라서, 피드백과 확인 스킬은 모두 코치가 클라이언트를 더욱 효과적으로 돕는 데 중요한 역할을 한다. 이 두 가지 스킬을 통해 코치는 클라이언트가 자신의 문제와 목표를 더 잘 이해하고, 그에 따라 효과적인 해결책을 찾는 데 도움을 줄 수 있다.

팀장과 팀원의 능력을 열배 키워주는
코칭의 기술

초판 1쇄 인쇄 2024년 2월 15일
초판 1쇄 발행 2024년 2월 20일

지은이 백광석
펴낸이 백광석
펴낸곳 다온길

출판등록 2018년 10월 23일 제2018-000064호
전자우편 baik73@gmail.com

ISBN 979-11-6508-555-1 (13320)